De la même auteure, aux éditions Leduc :

Secrets de bien-être d'Hildegarde de Bingen, 2019

Les Secrets de bien-être d'Hildegarde de Bingen, c'est malin, 2019

Édition : Clémentine Sanchez
Relecture : Yvonne Lambert-Bissuel
Mise en page : Élisabeth Chardin
Illustrations intérieures : AdobeStock, AlamyImages
sauf pp. 78, 119, 144 haut et 156 © Mélanie Schmidt-Ulmann
Design couverture : Antartik
Illustrations couverture : AdobeStock

10 place des Cinq-Martyrs-du-Lycée-Buffon
75015 Paris – France
ISBN : 979-10-285-1660-4

MÉLANIE SCHMIDT-ULMANN

BÉBÉ ZÉRO DÉCHET

LE GRAND LIVRE

LEDUC

SOMMAIRE

INTRODUCTION

Dès l'annonce de votre grossesse, vous allez être bombardée de nombreuses listes de choses à acheter pour Bébé, « tout ce qu'il faut » pour votre futur trésor : des listes pour bien vivre votre grossesse, des listes pour la maternité, des listes pour la naissance, des listes pour son trousseau… Et pourtant, en vrai, il ne vous faut rien ou presque rien de tout ce qui est « conseillé ». Bébé n'a pas besoin d'être un petit consommateur et vous allez apprendre à faire avec l'essentiel, à être là pour votre bébé, à être à l'écoute de ses besoins sans posséder de biens de consommation à outrance.

Alors, prêt pour une vie hypersimple et zéro déchet avec Bébé ? Le bébé zéro déchet (bebezero-bebeslow.com), ou comment vivre l'essentiel avec Bébé avec… juste l'essentiel : avoir seulement 20 couches de la naissance à la propreté, faire tenir son trousseau dans une petite valise, réduire au maximum les affaires d'un bébé heureux qui ne manque de rien : du lait, de l'amour, des soins naturels, des liens d'attachement solides, et réduire tout ce qu'il faut à Bébé au strict nécessaire… mais avec de jolies choses, car la vie avec un bébé doit rester joyeuse et belle !

Ce livre va vous donner toutes les pistes pour faire baisser l'empreinte écologique de Bébé : du lait maternel en passant par la diversification menée par l'enfant (DME), une alimentation fraîche, bio et locale, une éducation bienveillante, des doudous bio et naturels, des jouets en bois, des couches lavables : il faut en réalité peu de choses pour faire un bébé heureux et épanoui avec des parents écolos, zen et proches de la nature.

Pour répondre de façon très naturelle à ceux qui prônent la dénatalité pour le bien de la planète, on répond que faire des bébés ou ne pas en faire est un droit fondamental. Mais on peut avoir des bébés, des enfants, et réduire très facilement leur empreinte carbone. *Exit* les couches jetables, les bouteilles d'eau en plastique, les jouets en PVC, les produits de soin bourrés de nanoparticules et de perturbateurs endocriniens, etc. Privilégiez les produits bio et équitables, les produits locaux et de saison, les matières naturelles, l'eau sans bouteille, le biberon sain, le lait maternel ou « lait à la source », le ménage écolo et toutes les activités écologiques en famille : le potager, les poules, la production de compost, le jardinage éducatif, l'éducation proche de la nature.

Les maîtres mots des grands principes du zéro déchet sont : on réutilise, on opte pour le multifonction, comme le lange tour à tour lange d'emmaillotage, tapis de change, tapis de jeu, pare-soleil, doudou, etc.

On pense désormais : « vrac », « réutilisable », « sain pour la peau et la planète », « sacs en tissu », « film alimentaire en cire d'abeille », « biberons en verre », « lait à la source », « alimentation locale et bio », mais aussi « vêtements en location », « vêtements d'occasion », et bien sûr on oublie le plastique, le superflu, avec l'idée de faire de tout du « *zero waste* » !

Comment est organisé ce livre ?

Pour chaque grand thème, vous découvrirez les astuces d'un quotidien fondé sur les 3R (Réduire, Réutiliser, Recycler) dans tous les domaines qui touchent au bébé et à la parentalité, ainsi que des témoignages autour de la thématique du chapitre. Vous découvrirez soit le témoignage d'un parent, soit le témoignage d'un professionnel, par exemple une créatrice de couches lavables… L'idée est de comprendre concrètement le concept du zéro déchet et de la simplicité volontaire avec Bébé et en famille.

Un « bébé zéro déchet » au quotidien, c'est facile à mettre en place, ça protège Bébé et la planète, ça facilite le quotidien de toute la famille et ça permet à tous de vivre plus simplement… sans oublier aussi de faire des économies.

CHAPITRE 1 LES GRANDS PRINCIPES D'UN BÉBÉ ZÉRO DÉCHET

« ***Rien ne peut être réalisé dans le monde de l'adulte qui n'ait d'abord été réalisé dans le monde de l'enfant.*** »
Maria Montessori

Être un bébé zéro déchet est ce qu'il y a de plus naturel pour votre enfant, qui naît en ayant des besoins essentiels comme être aimé de ses parents, boire à la source, être changé, dormir, être rassuré... pour devenir un être qui a confiance en lui !

Alors si vous adoptez des gestes responsables pour la planète au quotidien et qu'en plus Bébé grandit avec l'exemple de « vivre autrement » à la maison, mais aussi à l'extérieur avec une « éducation autrement », votre objectif d'une empreinte écologique minimale devient facile à atteindre !

Réduire son empreinte écologique demande une nouvelle façon d'éduquer son enfant, car les bébés ne posent pas de problèmes en soi à la planète, mais c'est plutôt notre façon de les nourrir, les produits de soin ou les jouets que nous achetons… qui peuvent être problématiques.

Bref, c'est notre mode de vie au quotidien avec nos enfants qui a un impact sur leur bien-être et sur la planète. Il suffit de se rappeler par exemple qu'une couche jetable non écologique coûte environ 0,25 euro, qu'elle est bourrée de produits chimiques et de perturbateurs endocriniens… pour passer aux couches lavables.

Mais l'environnement de Bébé ne se réduit pas à ce que vous allez lui mettre comme couche ou comme produit de soin… En devenant parents, il faut donc revoir vos pratiques écologiques dans leur ensemble et montrer l'exemple aux enfants.

Voici les grands principes d'un bébé zéro déchet :

1. Avoir un bébé zéro déchet, c'est commencer par vivre une grossesse zéro déchet ! C'est une grossesse 100 % zéro perturbateur endocrinien, zéro toxique, et avec un quotidien sans produits de soin conventionnels… Sans oublier de passer à une alimentation saine et la plus bio possible, car un petit être grandit en vous et il est nécessaire de ne se concentrer que sur l'essentiel : votre bien-être de future maman pour le « bien naître » de votre bébé tout naturellement ! Rendez-vous au chapitre 2 !

2. Avoir un bébé zéro déchet, c'est le nourrir au sein : pas d'emballages pollueurs, de bouteilles en plastique ou de boîtes de conserve ! Et en plus, Bébé profite des bienfaits incomparables du lait maternel (apport de nutriments et d'anticorps, digestibilité, etc.) et du lien merveilleux que l'allaitement instaure entre vous et lui. Rendez-vous au chapitre 3 !

❸ Avoir un bébé zéro déchet, c'est lui donner de bonnes habitudes alimentaires dès la diversification alimentaire : on conserve le plus longtemps possible l'apport en lait maternel, on oublie les petits pots industriels, on pense fruits et légumes biologiques, locaux et de saison pour se lancer avec Bébé dans la DME, et on réduit au maximum – ou même complètement – la consommation de viande… à condition de bien respecter ses besoins nutritionnels essentiels. On n'oublie pas de l'impliquer dans la cuisine pour lui donner le goût du « fait maison » naturel et de cuisiner avec des ustensiles sains, durables et réutilisables. Rendez-vous au chapitre 4 !

❹ Avoir un bébé zéro déchet, c'est le faire vivre dans un environnement le plus sain possible : une chambre sans polluants, une maison nettoyée avec des produits ménagers « faits maison » et naturels. C'est également améliorer avec conscience le mode de vie de toute la famille au quotidien et montrer l'exemple aux enfants par une éducation respectueuse du rythme de l'enfant et de la planète. Rendez-vous au chapitre 5 !

❺ Avoir un bébé zéro déchet, c'est composer un trousseau en allant à l'essentiel : une liste écolo, bio et nature suffit pour accueillir sereinement votre bébé et le faire vivre dans un monde aussi naturel que possible en oubliant le superflu. Rendez-vous au chapitre 6 !

❻ Avoir un bébé zéro déchet, c'est lui mettre des couches lavables pour faire un geste citoyen et éviter de générer plus d'une tonne de déchets avec les 5 000 couches jetables qui sont le plus souvent utilisées pour changer Bébé de la naissance à la propreté. Pour tout savoir sur comment bien les choisir, les acheter ou les louer, connaître les bonnes boutiques, les sites, etc., rendez-vous au chapitre 7 !

7. Avoir un bébé zéro déchet, c'est être une maman nature : on apprend à se reconnecter naturellement à son féminin sacré, on passe aussi au lavable pour l'hygiène menstruelle et on ne possède que des produits de soin naturels et sans danger pour sa santé, son bien-être et la planète. Rendez-vous au chapitre 8 !

8. Avoir un bébé zéro déchet, c'est aussi pratiquer une parentalité différente : la Slow parentalité®. C'est pourquoi à la fin de chaque thème abordé, vous allez découvrir le réflexe parental : Bébé Zéro, Bébé Slow.

BÉBÉ ZÉRO, BÉBÉ SLOW

Mon concept de Slow parentalité® repose sur un objectif unique à atteindre : votre épanouissement parental… au naturel. Une aide au bien-être des futurs et nouveaux parents pour vivre dans un monde le plus bio, *slow* et naturel possible. Un bébé *slow*, c'est un bébé naturellement zéro déchet avec des parents qui sont dans la Slow parentalité® au quotidien.

La Slow parentalité® ?

La Slow parentalité®, c'est la « Slow Life » version familiale. C'est un concept que j'ai déposé en 2015. L'idée est de ralentir, de s'épanouir et d'être heureux en tant que futurs parents, parents, donc en famille.

On adopte un mode de vie respectueux du rythme de chacun, de la planète, en réduisant nos besoins à l'essentiel avec une vie bio et écolo. On se concentre sur l'essentiel pour bébé, pour soi et pour toute la famille.

La Slow parentalité® s'appuie sur le parentage. Le parentage, c'est quand maman materne et que papa paterne. Un bébé a surtout besoin de l'amour de ses parents, de lait bu à la source et du contact physique qu'il a eu l'habitude d'avoir dans le ventre maternel et qu'il faut poursuivre de plein d'autres façons.

Le parentage, et la Slow parentalité® qui en découle, sont naturellement zéro déchet. Être dans une démarche zéro déchet avec la Slow parentalité®, c'est aussi vivre dans la simplicité volontaire et se concentrer sur ce qui nous semble essentiel dans notre quotidien pour un mode de vie respectueux.

À vous d'adapter chaque jour, en famille, la Slow parentalité®, le concept de continuum, le maternage proximal, le cododo, le portage, les massages Bébé..., en étant des parents à l'écoute de leurs besoins mais aussi calés sur l'horloge de leur bébé pour être à l'écoute de ses besoins.

MA SLOW PARENTALITÉ®

Extrait de l'article paru dans le magazine *Marie France* du 2 février 2016 :

« Consultante auprès de parents depuis dix ans, Mélanie Schmidt-Ulmann a mis au point le concept de "Slow parentalité®". Son idée ? Proposer des clés pour une éducation bienveillante, tout en tenant compte des besoins des parents. Explications. Dans la famille "Slow Life", je demande la "Slow parentalité®". Imaginé par la coach Mélanie Schmidt-Ulmann, ce concept est l'aboutissement de ses dix années de pratique auprès de mamans et de papas, en France et à l'étranger. "Aujourd'hui, beaucoup de parents essaient d'être les meilleurs, comme dans une course où il faudrait

→

absolument faire mieux que son voisin ou ses amis", constate-t-elle. Certains deviennent même des hyperparents, des parents dits "hélicoptères" qui font tout à la place de leurs enfants. La Slow parentalité® permet de relâcher la pression. L'idée est de proposer une éducation bienveillante, sans pour autant oublier les besoins des adultes. Il ne faut pas mettre de côté l'épanouissement des mamans. Sinon, on fonce vers l'épuisement maternel. »

Mon coaching parental est tourné vers le maternage de la maman et du bébé avec tout ce que cela implique : peau à peau, portage, massages, éducation positive, mais il y a de nombreuses autres façons pour y arriver. Le couple maman-bébé a besoin de temps pour se découvrir, créer du lien, et cela peut se faire progressivement et pas forcément sur tous les sujets à la fois… C'est la raison pour laquelle je vous aide à appliquer de manière efficace le concept de Slow parentalité®.

La Slow parentalité®, c'est prendre le temps d'être parent, et ce de plusieurs manières :

- accompagner les bébés et les enfants dans leur individualité, à leur rythme, dès la naissance ;
- prendre le temps de tisser les premiers liens maman-papa-bébé ;
- ne pas être des « parents hélicoptères » mais des parents qui vont encourager l'autonomie de l'enfant ;
- accompagner les parents pour ne plus être dans l'« hyperparentalité » et appliquer au quotidien la « Slow parentalité® » ;

- adopter l'éducation positive au quotidien en prenant le temps de l'écoute et des partages ;

- donner des limites mais en étant toujours dans l'écoute, l'empathie et la bienveillance pour une Slow parentalité® joyeuse et épanouie ;

- connaître ses propres limites de parents ;

- prendre le temps qu'il faut pour respecter les rythmes de l'enfant et de chacun des membres de la famille ;

- être dans la « Slow parentalité® » dans tous les thèmes du quotidien dès la grossesse : grossesse au naturel, allaitement, diversification, sommeil respecté, premiers liens, séparations, vie en collectivité, école, frères et sœurs ;

- ne plus être dans le « dépêche-toi » mais anticiper les moments de crise pour une parentalité sans stress ;

- adopter, pour une parentalité au rythme 100 % naturel, un mode de vie *slow* : alimentation bio et naturelle, produits de soins respectueux de l'enfant et de la planète, choix de puériculture bio et de principes éducatifs alternatifs et aussi respectueux du rythme de l'enfant ;

- une Slow parentalité® pour le développement personnel de parents épanouis… avec des enfants aussi épanouis ;

- être dans le moment présent avec ses enfants : utiliser des outils comme la méditation, l'ancrage, le lâcher-prise… en famille ;

- prendre en compte ses émotions et faire des choix de parents… éclairés !

L'EXEMPLE DES PLEURS DE BÉBÉ AVEC LA SLOW PARENTALITÉ®

Ce n'est pas pour vous embêter qu'un bébé pleure. Bébé pleure car c'est sa seule façon de communiquer, c'est son premier langage (avec la peau, donc le massage). Chaque bébé est différent, mais avec un peu d'expérience, il est possible de les décoder...

Plus vite vous comprendrez quand Bébé a faim ou mal, plus vite vous pourrez répondre à ses appels et à ses besoins. Vous allez vite devenir des parents experts en pleurs de votre bébé :

- faim : Bébé a des pleurs courts qui augmentent en intensité, avec des pauses pour vous permettre de vous préparer à allaiter ou de faire le biberon, avec des signes précurseurs comme la succion des poings ou la recherche de la tétine ou du sein... ;
- fatigue : Bébé pleure de façon plaintive et longtemps... ;
- pleurs du soir : Bébé pleure chaque fin de journée de façon stridente et rien ne semble l'apaiser.

Les pleurs vont vous sembler imprécis au début, mais avec le temps, vous allez réussir à les décoder. Essayez le plus possible le peau-à-peau, car cela apaise un bébé qui pleure. Portez-le dans vos bras pour l'apaiser aussi. **Ne secouez jamais un bébé, même si vous n'en pouvez plus.**

CHAPITRE 2 UNE GROSSESSE ZÉRO DÉCHET

Parce qu'un petit être grandit en vous, il est plus que jamais nécessaire de prendre soin de votre corps. Être « zéro déchet » dès la grossesse, c'est vous respecter, respecter votre enfant à naître et la planète.

Avant d'avoir un bébé zéro déchet, il faut une grossesse zéro déchet, zéro toxique, zéro perturbateur endocrinien, zéro phtalate, zéro parabène, avec un quotidien sans produits de soin conventionnels qui contiennent des substances potentiellement dangereuses… Sans oublier une alimentation saine et bio !

Au programme de votre grossesse : une grossesse au naturel. *La grossesse au naturel, c'est malin* est le titre de mon livre paru aux éditions Leduc en janvier 2014 et qui est toujours plus d'actualité pour aider les futurs parents sur le chemin de la décroissance volontaire.

Mon rôle en tant que « Mom & Baby Planner », c'est d'aider au bien-être de la future maman et de son bébé version nature et écolo, dans le respect de notre planète Terre.

Mais la maternité au naturel va encore plus loin dans ce nouveau livre : nature, bio, écolo, mais aussi et surtout zéro déchet ! J'ai tout testé – ou presque – dans les produits de la puériculture au naturel de la bulle bio et écolo pour vous aider à vous y retrouver, et surtout pour vous apporter les meilleurs conseils vous permettant de vous passer du superflu et de vous concentrer sur l'essentiel. Car un bébé a besoin de lait, d'amour et de liens d'attachement solides… Tout le reste – ou presque – n'est que du superflu.

Pour la grossesse, une maman zéro déchet est une maman qui doit être actrice de sa grossesse et de son accouchement : être à l'écoute de sa maternité, se faire confiance, choisir de bons produits naturels, une alimentation à haute valeur nutritionnelle, puis un mode de vie le plus naturel possible pour accueillir Bébé.

PRENDRE SOIN DE SOI NATURELLEMENT

Il faut éviter les polluants, les perturbateurs endocriniens, les tensio-actifs sulfatés, et passer au zéro déchet dans la salle de bains, tout en faisant attention à la composition, car le naturel n'est pas forcément sans danger pour les femmes enceintes et les bébés.

On oublie donc les cosmétiques classiques bourrés de toxiques et on fait confiance aux labels bio : un minimum d'ingrédients bio utilisés, pas de tests sur les animaux, pas de parfum ou de colorant de synthèse, pas d'OGM, pas de silicone ou de paraffine, une transformation des matières premières selon des techniques douces pour moins de réactions allergiques.

Cela dit, je vous conseille de faire très attention aux produits de soin, même s'ils sont certifiés biologiques. En particulier ceux qui ont des huiles essentielles dans leur composition, car nombre de celles-ci sont contre-indiquées pour les femmes enceintes ou allaitantes. Si vous aimez les huiles essentielles, veillez à ne prendre que les produits spécifiques pour les femmes enceintes. Il vaut mieux trouver des compositions riches en huiles végétales bio, des savons sans huile essentielle, sans huile de palme.

SHOPPING 100 % BÉBÉ ZÉRO DÉCHET… POUR MAMAN

- **Omum :** des produits formulés sans huile essentielle ni ingrédient controversé, des soins plaisir aux textures cocoon et aux fragrances 100 % naturelles, des packs recyclables, sans notice ni emballage superflu. Je suis fan du savon « Le Cajoleur » et de la crème fouettée « La Confidente » pour le corps.

- **Comme avant :** des cosmétiques naturels, solides et artisanaux fabriqués à Marseille. Ils ont les labels Cosmos Natural, Slow Cosmétique® et Cosmos Organic :
  – le savon naturel à l'huile d'olive vous permet d'avoir un « tout-en-un » : laver son corps, laver ses cheveux, s'hydrater après le démaquillage. Il y a aussi le « Shampoing naturel solide à l'huile d'argan et au rhassoul », qui est un shampoing universel, sans oublier le seul dentifrice naturel en poudre que je connaisse : le dentifrice au siwak (racine utilisée comme brosse à dents naturelle depuis des millénaires). Attention à ne pas prendre la version mentholée pendant la grossesse mais celle sans parfum ;
  – et comme le zéro déchet est fan des « tout-en-un », il y a aussi la crème multiusage au beurre de karité qui fond au contact de la peau. La grossesse est le moment idéal pour s'offrir des soins cocooning à outrance.

→

- **Skinhaptics :** l'« Huile prestigieuse » pour le visage (en flacon en verre) est une huile 100 % sèche et naturelle avec de l'huile de coton, de l'huile de prune bio, de l'huile de carthame bio. Elle est riche en oméga-6 et 9 (très nourrissant pour la peau). Sa texture est légère, très agréable au toucher. Elle est idéale pour les peaux sèches et très sèches des futures mamans.

- **Pachamamaï :** je suis adepte de la marque pour des produits mini et vraiment zéro déchet avec les emballages en métal recyclable ou en carton recyclé. Cette marque est une référence en matière de soins solides, éthiques et responsables :
  - des shampoings, démaquillants, dentifrices, déodorants qui sont à la fois des soins bienveillants pour votre peau et pour la planète ;
  - la grossesse est la bonne excuse pour retomber en enfance avec des produits naturels et sans huiles essentielles mais qui sont à croquer ;
  - le dentifrice « Candiz », solide, vegan et rechargeable (une boîte en métal correspond à trois tubes classiques) a une formule sans huile essentielle à base de beurre de cacao, de xylitol et d'arôme naturel de fraise. Cela en fait un dentifrice tout doux et gourmand que vous pourrez utiliser avec votre petit dès 3 ans ;
  - « Nüe », l'huile solide démaquillante à base d'huile de coco et de prune à appliquer sur votre visage mouillé
  - « Cocoon », déodorant solide sans huile essentielle à base de bicarbonate de soude, arrow-root (marante, une plante d'Amérique tropicale) et beurre de cacao.

La Slow Cosmétique® dès la grossesse, c'est passer aux cosmétiques bio écoresponsables ou, encore mieux, aux versions faites maison avec des huiles végétales, des beurres végétaux, des eaux florales…, à condition de bien stériliser les récipients et les ustensiles utilisés.

Et si la solution, pour être sûre de ce que vous mettez sur votre peau pendant la grossesse, était de fabriquer vos propres cosmétiques ? Mais attention, un produit parfaitement naturel n'est pas forcément inoffensif. Voici ma recette préférée, créées par Marie des Ateliers de la Souris verte, qui vous enseigne à fabriquer vous-même vos produits de soin naturels, bio, écolo et zéro déchet.

Comme les huiles essentielles sont déconseillées pendant la grossesse et l'allaitement, il faut ruser pour se concocter des produits de beauté. On use et on abuse des hydrolats que l'on peut utiliser sans danger, des huiles végétales, des beurres végétaux, du gel d'aloe vera, des macérats huileux (des huiles infusées aux plantes).

Voici comment se concocter des produits de soin.

RECETTE DE BASE : HUILE INFUSÉE

Très simple à fabriquer, elle se conserve pendant deux mois au frais et au sec dans une bouteille en verre teinté hermétique. L'huile végétale agit comme un solvant, elle extrait les propriétés des plantes. On utilise des plantes séchées (voir ci-dessous), surtout quand on débute, car les plantes fraîches peuvent avoir tendance à fermenter. Seule exception, l'huile infusée de carottes qui se fait avec de la carotte fraîche – mais dans ce cas, la macération ne dépassera pas 4 ou 5 jours.

Préparation :

- Remplissez le pot en verre bien nettoyé et sec avec les plantes sans tasser.

- Recouvrez les plantes d'huile végétale (pépins de raisin pour les peaux normales, germe de blé pour sa richesse en vitamine E régénérante et olive pour les peaux sèches).

- Laissez macérer 21 jours à l'abri de la lumière, en secouant le pot tous les deux ou trois jours pour aider les actifs à se disperser.

- Au bout de ce temps, filtrez l'huile une première fois à l'aide d'une passoire, puis à travers un filtre à café. Attention, comme l'huile tombe goutte à goutte, ça prend du temps ! N'hésitez pas à poser le filtre sur un bocal et à vaquer à vos occupations.

À vous de choisir la ou les plantes qui vous conviennent : pétales de roses pour adoucir et régénérer ; calendula pour les petits bobos (peau irritée, eczéma…) ; camomille romaine pour les peaux sèches et sensibles ; carotte, très riche en vitamine A, pour régénérer la peau et donner bonne mine ; pâquerette (ou bellis) pour raffermir les tissus et le décolleté.

Voici les recettes de Laurence, maman « très très nature » comme elle aime se présenter, et qui tend vers le 100 % zéro déchet.

Son mari, musicien, aime les loups et les randonnées dans la nature, leur fille adore la musique, les animaux et la nature. Leur éveil écologique (outre la sensibilisation à la protection animalière déjà depuis l'enfance) a commencé lorsqu'ils attendaient leur fille, par les paniers bio livrés à domicile, puis les couches lavables… Et tout le reste en a, naturellement, découlé.

LES RECETTES DE LAURENCE

- **Déodorant maison :** mélanger de l'huile de coco désodorisée (ou pas) avec du gel d'aloe vera et un peu de bicarbonate de soude.

- **Dentifrice maison, qui a aussi conquis sa fille de 11 ans :** dans une boîte type ancien baume à lèvres ou petit pot de confiture, mélanger de l'argile blanche à un peu de bicarbonate de soude, quelques gouttes d'huile essentielle de menthe poivrée (très peu) et le tour est joué !

- À la place des gels douches et shampooings (1 à 2 flacons en plastique à jeter tous les 15 jours !), Laurence et sa famille ont définitivement opté pour du **savon et shampooing solides**, en achetant les produits d'un savonnier local (et en plus bio et certifié Ecocert).

- Elle s'est aussi essayée au no-poo (pas de shampoing) avec plus ou moins de bons résultats (il y a eu des périodes dorées et d'autres moins, sûrement liées aux hormones ou à l'état général). L'astuce consiste à se brosser les cheveux régulièrement, avec une brosse propre (type poils de sanglier ou

→

en nylon, ou végétale mais à poils serrés), 1 à 3 fois par jour : cela aura pour effet de répartir le sébum sur les longueurs et de protéger les cheveux… Plus de produits dans les cheveux (de type tensio-actifs), un cuir chevelu en meilleure santé et de beaux cheveux plus épais et plus doux (les siens ont même commencé à onduler alors qu'ils étaient raides comme des baguettes depuis toujours) !

ADOPTER UNE ALIMENTATION À HAUTE VALEUR NUTRITIONNELLE ET NATURELLE

Pour une grossesse naturelle, on oublie les fruits et légumes qui arrivent par avion du bout du monde. On consomme local et de préférence biologique, on se passe des supermarchés et on file faire ses courses dans les magasins qui vendent en vrac !

Amélie et Maxime ont ouvert un magasin Day by Day au Mans, où j'avais pris l'habitude de faire mes courses quand j'étais enceinte de ma petite Romy… et je n'ai pas abandonné ce principe. C'est l'un des conseils que je donne à tous les parents qui se lancent dans le zéro déchet dès la grossesse. N'abandonnez pas ce geste responsable : intégrez-le à votre quotidien pour vivre en adéquation avec la sauvegarde de la planète et notre mode de vie zéro déchet !

Amélie a 23 ans et a grandi dans une famille de boulangers. Un BTS assurance en poche, elle a rejoint une grande société. Mais en voulant s'initier, avec son conjoint Maxime, à la « consommation zéro déchet » au niveau personnel, elle a vu qu'il y avait peu de solutions pour ceux qui voulaient pratiquer ce mode de « consommation » au quotidien. Ils ont donc décidé d'ouvrir leur magasin de vrac pour se lancer ensemble dans l'aventure.

Amélie confirme : « Le déclic se fait souvent à la naissance d'un enfant, et même avant, dès la grossesse, pour mieux consommer et devenir une famille zéro déchet. Les clients veulent moins d'emballages, des produits de meilleure qualité, manger plus sainement et faire de la vraie cuisine. Les produits les plus demandés au magasin sont les légumineuses qui avant étaient achetées en conserve, les müeslis, les fruits secs pour les enfants ou encore des biscuits qui viennent directement des producteurs ou de biscuiteries traditionnelles familiales. »

En plus du catalogue mis à disposition de la franchise, Maxime et Amélie proposent des légumes en direct d'un producteur local, mais aussi des œufs, du miel et du vin local. On multiplie la consommation de produits locaux, car cela réduit le transport et développe la vitalité économique de la région en privilégiant les circuits courts.

VOTRE CUISINE EN VRAC !

Quelques marques que vous pouvez trouver en vrac : Biscuiterie Brieuc, Apiflor, Boulomiel pour les müeslis, Lameri, Lazaretti pour les pâtes, Agro Sourcing ou La Noix gaillarde pour les fruits secs, La Tourangelle pour les huiles. Il est temps

→

d'avoir d'autres repères dans les marques que vous trouverez dans les placards de votre cuisine. Des bocaux pour ranger les aliments en vrac, des sacs en tissu, des bouteilles en verre : voilà le placard vrac pour une famille zéro déchet dès la grossesse, rempli de fruits secs, de farines, d'huiles, de céréales... Et vous pouvez même y mettre des bonbons de L'Ours gourmand !

Pour les prix, vous allez pouvoir trouver des pâtes de bonne qualité pour 1,50 euro/kg par exemple. Et puis la qualité n'est pas comparable entre des pâtes alsaciennes et artisanales et les pâtes que vous auriez achetées en supermarché. Le vrac, c'est entre 5 et 30 % moins cher selon les produits. Vous n'avez qu'à regarder au rayon des épices, la différence de prix est énorme ! Dans un magasin traditionnel, c'est surtout le flacon que l'on paye très cher.

Comment pourvoir naturellement aux besoins en nutriments durant la grossesse et l'allaitement

Afin de couvrir parfaitement les besoins de l'organisme, voici les quantités à avoir toujours sous la main… en vrac dans vos bocaux en verre !

À consommer chaque jour :

- 1 cuillerée à soupe de germe de blé ou de levure de bière ;
- 20 g de fruits oléagineux (amandes, noix, noisettes…) ;
- 10 g de graines oléagineuses (sésame, pignons de pin, pépins de courge…) ;
- 100 g de pain complet ;
- 1 source de vitamine C aux principaux repas pour absorber davantage de fer ;
- 1 cuillerée à soupe d'huile de colza ;

- 1 cuillerée à soupe d'huile d'olive ;
- en cas de grossesse végétarienne, ne pas oublier 6 à 7 noix par jour !

La grossesse, c'est aussi le moment idéal pour s'équiper en accessoires zéro déchet que l'on peut trouver dans les boutiques en vrac, les boutiques bio ou même dans les boutiques de couches lavables qui se lancent aussi dans les autres produits zéro déchet : on s'équipe en gourdes zéro déchet en inox, en pailles en inox, en sacs en vrac pour les courses, et on récupère tous les bocaux possibles.

SE VÊTIR AVEC PRESQUE RIEN… VIVE LA DÉCROISSANCE !

Je loue mes vêtements de grossesse, j'achète seconde main… et je deviens une adepte du « Moodkit » et des vêtements recyclés !

Moodkit

Je suis une « Moodkit girl » depuis la grossesse de mes jumeaux en 2011. J'étais absolument énorme et je n'arrivais plus à m'habiller, sauf avec le Moodkit qui m'a accompagnée jusqu'en salle de travail à la maternité. Et enceinte de ma petite dernière, Romy, je n'ai mis presque que ça. Si vous ne deviez avoir qu'un ou deux basiques pour vous habiller pendant la grossesse, pensez au Moodkit. Vous pouvez agrémenter votre tenue de base avec une jolie tunique, un petit pull, etc., mais vous rentrez dans tout.

Moodkit est une gamme géniale de vêtements de grossesse, car très modulable et surtout adaptée à toutes les futures mamans, quelle que soit leur taille d'avant-grossesse. Le vêtement est fait en microfibre antitranspirante, formant une seconde peau qui vous accompagnera pendant toute votre grossesse, et bien longtemps après, quand les kilos ont du mal à partir… C'est beaucoup moins déprimant de remettre son Moodkit que d'essayer de rentrer dans son jean taille 38 sans y parvenir !

La seconde main

Mon deuxième conseil est de privilégier les vêtements de grossesse de seconde main, que vous trouverez facilement sur les plates-formes en ligne ou les sites comme Vinted, Vide-dressing, Le Bon Coin, ou encore *via* Facebook.

Si vous voulez acheter du neuf, privilégiez les matières comme le coton bio (91 % d'eau en moins que le coton traditionnel lors de la fabrication). Ce n'est pas facile de trouver une garde-robe 100 % naturelle et biologique. Pourtant, les matières écolo sont plus confortables, plus douces… et plus respectueuses de la planète et des êtres humains. Regardez bien les certifications et recherchez Oeko-Tex et GOTS (pour le coton biologique et exempt de métaux lourds).

POUR DES VÊTEMENTS DE GROSSESSE EN MODE RÉCUP' ET MINIMALISTE !

- Adaptez votre jean aux premiers mois de votre grossesse :
  - prenez un petit élastique en caoutchouc ;
  - passez l'élastique dans la boutonnière ;
  - accrochez les deux extrémités de l'élastique autour du bouton.

Découvrez l'astuce ici : www.comment-economiser.fr/astuce-pour-agrandir-taille-pantalon-facile.html

- Louez des vêtements de grossesse avec un système d'abonnement : cette solution reste encore trop coûteuse car pour les prix de la location, vous pouvez acheter des vêtements de grossesse..., mais le concept est vraiment zéro déchet et minimaliste pour vous !

Les adresses : www.taylorbox.fr, www.lescachotieres.com

LA VALISE DE MATERNITÉ ZÉRO DÉCHET

Voici le minimum des petites affaires pour Bébé à avoir en salle de naissance et ne profiter que de l'essentiel : les premiers instants maman-bébé... Tout le reste est à oublier !

Du côté de Bébé

SHOPPING 100 % BÉBÉ ZÉRO DÉCHET... POUR BÉBÉ

- 1 bonnet en coton bio
- 1 body à manches longues
- 1 pyjama en coton bio
- 1 brassière en laine
- 1 couverture pour faire du peau-à-peau avec Bébé
- 1 couche écologique jetable compostable et la plus naturelle possible. En France, optez pour la marque Love & Green avec sa nouvelle gamme de couches « Change Now ! », qui ne sont pas blanchies et qui sont compostables !

Et pour se simplifier encore plus la vie au moment de la naissance de Bébé (et avoir un trousseau vraiment minimaliste), j'encourage tous les parents à faire comme cela se pratique aux États-Unis dans les maternités : emmailloter Bébé !

B.A.-BA D'UN TROUSSEAU DE NAISSANCE RÉDUIT À L'ESSENTIEL

- 1 bonnet en coton bio
- 1 body à manches longues
- 1 lange spécial emmaillotage, qui est un très grand lange bébé (voir la technique de l'emmaillotage au chapitre 8)
- 1 « baby box », berceau en carton pour démarrer avec le minimum pour un bébé !

LA BABY BOX

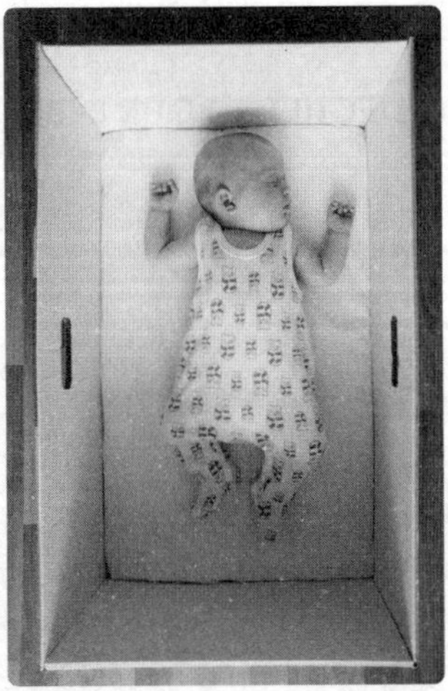

Depuis 1938, les bébés finlandais dorment dans des *baby boxes*, des boîtes en carton pourvues d'un matelas. La boîte arrive chez toutes les futures mères juste avant la naissance et contient tout le nécessaire pour les premiers jours d'un nourrisson, avant de se transformer en berceau. 95 % des bébés dorment dans une baby box.

L'idée du gouvernement finlandais est que tous les enfants sont égaux au regard de l'État, qu'ils soient riches ou pauvres, donc chacun reçoit sa boîte. En France, il existe la baby box French Poupon à Bordeaux (www.frenchpoupon.fr), Premiers Moments (www.premiersmoments.com), ou encore la baby box Marmott' disponible en cinq versions (www.marmott.fr).

Envie d'un kit bébé zéro déchet personnalisé ? Je vous propose mes services de « Mom & Baby Planner Le Lait de Maman », pour une parentalité 100 % naturelle et 100 % zéro déchet à la carte… avec tous les basiques pour votre bébé. C'est le seul kit nature et sur mesure que vous pouvez créer de A à Z !

Rendez-vous sur mon site : www.lelaitdemaman.com

Du côté de Maman

Tout comme pour Bébé, il faut oublier tout ce qui n'est pas indispensable…

SHOPPING 100 % BÉBÉ ZÉRO DÉCHET… POUR MAMAN

- Huile de massage spéciale accouchement
- Vaporisateur d'eau dans lequel vous aurez ajouté quelques cuillerées à soupe d'hydrolat de fleur d'oranger (100 % pur et bio) pour rafraîchir votre visage
- Une bouillotte naturelle en coton et noyaux de cerises ou balles d'épeautre, par exemple
- Des chaussettes en laine
- Votre coussin de grossesse et d'allaitement garni de balles d'épeautre ou de liège

→

- Votre trousse de toilette zéro déchet avec vos produits de soin zéro déchet, sans oublier des serviettes hygiéniques post-partum en coton lavable (rendez-vous au chapitre 8, p. 195, « Maman zéro déchet »)
- Des collations nutritives (rangées dans une lunch-box en inox) : fruits secs, graines de tournesol ou rondelles d'oranges à sucer pendant le travail
- Une huile essentielle apaisante à diffuser : orange douce ou lavande

UNE FÊTE POUR CÉLÉBRER LA FUTURE MAMAN

Quelques semaines avant la naissance, j'ai laissé mes copines organiser une *blessingway* en mon honneur !

L'idée de la *blessingway* est d'entourer la future maman, de lui donner des forces et de l'encourager pour le jour de l'accouchement qui approche. La *blessingway*, c'est la version zéro déchet de la *baby shower* classique qui est censée couvrir le futur bébé de cadeaux. La *blessingway* est une célébration nature et écologique remplie de bien-être pour préparer l'arrivée de Bébé. C'est donc une forme plus spirituelle, cérémonieuse et ritualisée de cette fête. Voici quelques idées pour votre *blessingway*, car l'objectif, dans tous les cas, est d'entourer la future maman, de lui donner des forces et de l'encourager. Et c'est véhiculer l'idée que devenir mère est un passage à marquer avec des personnes proches, entre amies… Et on peut aussi convier le futur papa !

LES 5 ÉTAPES DE LA *BLESSINGWAY*

1. Au début, les invités forment un cercle manifestant le soutien à la future mère. Les invités doivent s'apprêter à participer à une cérémonie sacrée.

2. La mère et ses invités expliquent l'objectif de la cérémonie et leurs intentions. Chacun se présente de manière à créer un lien entre tous, et la mère est invitée à exprimer ses craintes.

3. La mère est honorée, encouragée et reçoit de chacun des énergies positives, sous la forme d'anecdotes, de petites déclarations affectueuses et de cadeaux.

4. Si on est religieux, la quatrième phase consiste en un recueillement autour de prières, puis en remerciements pour le soutien accordé.

5. Le cercle est rompu et les invités partagent une collation.

Les idées de cadeaux pour la mère devront refléter un peu du sacré ou du solennel de la cérémonie. L'objectif, là encore, est de transmettre de la force et de l'amour à la future mère.

QUELQUES SUGGESTIONS

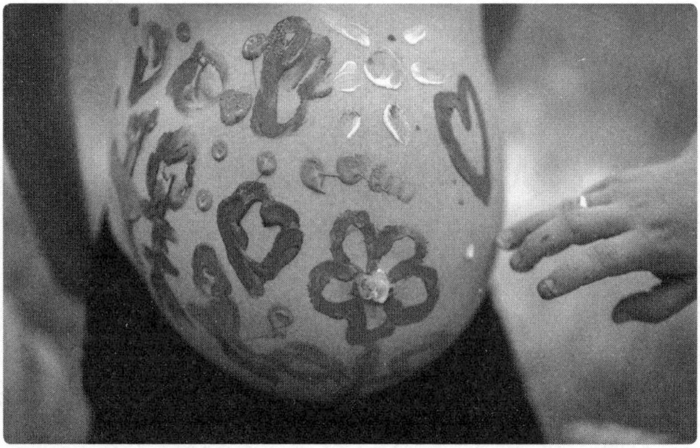

- Une peinture éphémère faite sur le ventre tout rond de la future maman, suivie d'une séance photo pour immortaliser l'instant.
- Des collages que la future mère pourra emporter à l'accouchement et qui la soutiendront.
- Un petit autel dans une boîte : mettez-y une bougie, un tissu, et d'autres petits objets symboliques.
- Des petits mots pour encourager la future maman – à emporter aussi au moment de l'accouchement.
- Des bijoux fabriqués par vos soins : c'est le moment de découvrir les bienfaits de la lithothérapie, par exemple !
- Un arbuste, une plante ou un bon cadeau dans une jardinerie. Un cadeau à la symbolique évidente quand un enfant va naître.
- Chaque personne invitée peut apporter une fleur pour tresser une couronne de fleurs pour la future maman.
- Un moulage du ventre en plâtre que l'on pourra ensuite peindre pour créer un souvenir artistique de la grossesse.

À la fin de la célébration, on partage un repas où chacun aura apporté un plat à partager, c'est un repas que l'on appelle *potluck* !

SE PRÉPARER À ALLAITER

Il n'y a que du naturel dans le lait maternel, pas d'emballages pollueurs, pas de bouteilles d'eau en plastique, pas de boîtes de conserve, des centaines d'euros épargnés… Et des soins naturels zéro déchet pour les bobos provoqués par l'allaitement.

Voici quelques clés pour vous préparer à allaiter de la façon la plus zen possible, pour allaiter sans y penser :

- C'est mon choix personnel et éclairé : je m'informe pendant ma grossesse pour ne pas idéaliser l'allaitement. Je sais que les débuts ne sont pas toujours simples, qu'il y a des petits bobos liés à l'allaitement, mais que rien n'est meilleur que le lait maternel pour un bébé et qu'il va trouver le chemin tout seul, qu'il suffit d'une bonne position de bébé qui tète, qu'on le laisse accéder au sein 24 heures sur 24, à la demande… Pas de panique, tous ces points vont vous être expliqués aux lignes suivantes !

- Je ne suis pas une mauvaise mère si je ne veux allaiter mon bébé que trois jours à la maternité, car il recevra le colostrum. Et même si j'ai décidé de l'allaiter trois jours, je peux changer d'avis et continuer, passer à l'allaitement mixte ou même 100 % au biberon sans m'en vouloir… Si c'est mon choix et si ce n'est pas imposé par ma mère, qui n'a jamais allaité pour ne pas « être esclave de son bébé » et qui a préféré se lever six fois toutes les nuits car c'est « tellement plus simple avec un biberon ». À vous de tester et de décider ce qui vous convient ! Il y a toujours moyen de donner un biberon de lait rempli d'amour maternel…

- Je connais les erreurs qui favorisent l'abandon précoce de l'allaitement : une mise au sein tardive après la naissance, des biberons de complément donnés par principe à la maternité pour vous laisser récupérer la nuit, la peur de ne pas donner assez de lait à son bébé...

- Je connais la bonne position pour allaiter. Plusieurs positions sont adaptées à votre couple maman-bébé, à vous d'essayer : en madone où Bébé repose sur l'avant-bras du côté du sein qu'il va téter ; en position de football américain où Bébé est calé contre votre hanche et prend le sein du même côté ; en position couchée pour l'allaitement de nuit, en position assise... et j'en passe. Essayez selon votre envie du moment et les préférences de Bébé.

Le principal est de savoir reconnaître **les signes d'une tétée efficace et d'une bonne mise au sein** : vous êtes installée confortablement ; Bébé est tout entier tourné vers le sein, ventre contre ventre ; on présente le sein à Bébé qui va prendre une bonne bouchée de sein ; son menton et son nez sont collés au sein ; ses lèvres sont retroussées ; il déglutit régulièrement !

- À la demande et rien d'autre ! Je me cale sur l'horloge bébé : un nouveau-né peut téter jusqu'à 12 fois par 24 heures, et plus il tète, plus la production va s'adapter à sa demande. On le laisse faire, sauf s'il espace trop les tétées au début et qu'il ne prend pas assez de lait ; on essaye alors de lui proposer le sein. Il faut apprendre à reconnaître les signaux d'appel de votre bébé et ne pas attendre qu'il pleure de faim. Quand Bébé a faim, il ouvre les yeux, met son poing dans sa bouche, tourne la tête pour chercher le sein... Le mieux dans ces cas-là est de lui proposer le sein quand il est en éveil calme. Vous pouvez aussi faire du peau-à-peau et ne pas le laisser dans son berceau, il trouvera le sein plus facilement. À la maternité, on peut vous demander de noter les horaires des tétées. Cette méthode peut également vous aider à certains moments de votre allaitement, dans le but de vous rassurer.

- Je m'écoute et j'écoute mon bébé. On favorise dès la naissance le contact maman-bébé pour créer du lien et favoriser l'allaitement. Vous allez vite décoder les signaux d'appel de Bébé qui a faim, ou bien qui veut simplement subvenir à son besoin de succion, qui a besoin de réconfort, etc. En répondant favorablement aux besoins de votre bébé, vous allez prendre confiance en vous et en votre rôle de mère, sans avoir besoin de demander. C'est vous qui allez devenir l'experte en votre bébé et découvrir vos capacités de mère.

Rendez-vous au chapitre suivant pour tout savoir sur l'allaitement avec les meilleurs conseils tirés de mon livre *100 Réflexes allaitement*[1], pour donner à Bébé l'aliment le plus adapté, bourré d'anticorps, toujours à bonne température, et pour allaiter de la façon la plus naturelle et la plus zen possible !

SE PRÉPARER À ACCOUCHER NATURELLEMENT

Il est important que chaque future mère soit maîtresse de son accouchement, et réussisse son accouchement physiologique si c'est son choix !

1. Mélanie Schmidt-Ulmann, *100 Réflexes allaitement*, Leduc, 2008.

Se préparer à accoucher naturellement est l'un des principes de la Slow parentalité®... Même si votre choix est d'avoir recours à la péridurale, les conseils pour un accouchement naturel vont aider toutes les futures mamans le jour J !

Créatrice de la Slow parentalité®, coach parentale en parentalité nature, j'accompagne tous les parents qui souhaitent prendre le temps d'être parents dans le respect du rythme de chacun, des parents et de Bébé, et cela le plus tôt possible, c'est-à-dire dès la grossesse, donc, sans oublier le moment de l'accouchement !

Le mardi 15 janvier 2019, j'ai donné naissance à ma petite Romy tout naturellement et j'en profite donc pour ajouter à mes 10 conseils professionnels... un peu de mon expérience personnelle pour votre jour J.

10 clés pour vous préparer à accoucher le plus naturellement possible

Par ailleurs, même si vous souhaitez un accompagnement plus médicalisé le jour J, ces clés vous aideront quand même à vous sentir bien et à créer une bulle de bien-être.

❶ Suivez une préparation à la naissance pendant la grossesse

Ce premier conseil semble basique, mais il y a encore beaucoup de femmes enceintes qui n'ont pas une préparation complète à l'accouchement. Il faut en parler avec le médecin qui suit votre grossesse ou votre sage-femme. À partir du 6e mois de grossesse, suivez une préparation qui vous ressemble : préparation classique, sophrologie (pour la détente le jour J), chant prénatal (pour le contact maman-bébé par la voix), yoga de grossesse (pour la respiration, la relaxation et la visualisation de l'accouchement), préparation en piscine (pour une musculation en douceur dans l'eau), haptonomie (pour entrer en contact avec Bébé et faire équipe avec lui le jour J), méthode Bonapace (des digitopressions, des massages et de la relaxation tout en impliquant le papa). Vous n'avez plus qu'à choisir, mais surtout ne faites pas l'impasse sur la préparation, qui est essentielle.

❷ « C'est mon accouchement ! »

Répétez ce mantra : « Je vais accoucher, on ne va pas m'accoucher. »

Sur le même principe, une fois que votre enfant sera né, vous pourrez vous répéter : « C'est moi la maman ! » (et « C'est moi le papa ! »... pour le papa).

C'est à vous que reviennent les décisions, de choisir ce que vous voulez ou ne voulez pas pour VOTRE accouchement. La naissance de votre enfant doit être un moment de bien-être pour le « bien naître » de Bébé. La Slow parentalité®, c'est vouloir un accouchement respectueux de Maman et de Bébé ; ce sont les choix que vous ferez pour une naissance et un accouchement... respectés !

❸ Faites un plan de naissance

Écrivez noir sur blanc ce que vous aimeriez pour votre accouchement : vos souhaits pour le côté bien-être comme, par exemple, que le travail de l'accouchement se passe dans la pénombre, que la lumière soit tamisée, le fait que vous puissiez utiliser le ballon de naissance ou la baignoire... ; et pour le côté médical : choix de la position d'accouchement, un monitoring de façon intermittente pour bouger pendant le travail, ou encore pas de perfusion par principe de précaution... Même si la décision médicale doit l'emporter sur vos souhaits, c'est un plus d'écrire ce que vous aimeriez pour ne pas être prise au dépourvu le jour J.

Et n'oubliez pas, dans ce plan de naissance, de mettre aussi tous vos souhaits concernant les soins prodigués au bébé : couper le cordon quand celui-ci a cessé de battre, mettre Bébé au sein tout de suite après la naissance pour qu'il trouve le sein tout seul pour lui offrir la tétée de bienvenue, etc.

❹ Faites de l'alimentation votre alliée pour être en forme en fin de grossesse

Tout au long de la grossesse, vous devez avoir une alimentation à haute valeur nutritionnelle, saine, fraîche, de saison et si possible biologique. Je vous propose aujourd'hui de vous concentrer plus particulièrement sur votre périnée, qui va être soumis à rude épreuve lors de l'accouchement, et d'apporter des aliments qui le protégeront et amélioreront son élasticité.

- Des bons gras, des légumes verts et jaunes et de la vitamine C : voilà le trio alimentaire qui vous permettra de prendre soin de votre périnée.

- Pensez aux sources végétales de bon gras : huile d'olive, avocat, noix et graines, etc.

- Pensez aux aliments riches en vitamine C : papaye, brocoli, poivron rouge, chou de Bruxelles, fraise (quand c'est la saison).

- Pensez aux aliments riches en cystéine (un acide aminé antioxydant aux propriétés indispensables pour réparer la peau) : viande rouge bio, volaille, œuf, fromage blanc, yaourt, poivron rouge, ail, flocons d'avoine, etc.

❺ Préparez votre trousse à pharmacie naturelle avec votre sage-femme ou votre pharmacienne

Je vous conseille d'avoir avec vous le jour J quelques remèdes homéopathiques et autres remèdes naturels.

Par exemple, emportez le remède Rescue®, un mélange d'élixirs floraux en Fleurs de Bach qui va vous permettre de gérer les moments de stress, de panique, pendant l'accouchement.

N'oubliez pas d'ajouter l'huile essentielle d'orange douce à diffuser en salle de travail, une huile de massage bio pour que le futur papa vous masse, une bouillotte remplie de lin ou de noyaux de cerises, un brumisateur d'eau rechargeable et zéro déchet à reremplir selon vos besoins (même quand Bébé sera là)... Pour les granules homéopathiques, votre sage-femme saura vous conseiller les plus adaptées à vos besoins !

❻ Utilisez les moyens naturels pour accompagner les contractions, chez vous et/ou à la maternité selon ce qu'il est possible de faire ou pas

- Prenez un bain chaud relaxant si vous n'avez pas perdu les eaux : j'ai eu la chance de pouvoir en prendre un à la maternité et c'est apaisant.

- Prenez les bonnes postures pour accompagner les contractions avec un ballon de naissance (un swiss ball) – vous pouvez utiliser le ballon et « utiliser » le futur papa en vous accrochant à lui pour détendre votre dos. Formée par Ballon Forme© en 2008, je propose des ateliers « Belly Balloon Baby », des ateliers de gym douce spécifique qui allient la méthode Ballon Forme© à mes conseils en Slow parentalité®.

- Criez ! C'est dans mon cas ce qui a été le plus utile pour lutter contre la douleur du travail et de l'accouchement ; une plainte qui vient de très loin, quelque chose d'animal que je n'avais jamais entendu avant… C'est là que l'on se rappelle que l'on est un mammifère comme les autres.

- Restez dans votre bulle et laissez les hormones naturelles de l'accouchement faire leur travail ; favorisez-les en restant dans la pénombre, en chuchotant…

- « Tu vas y arriver ! » Acceptez les encouragements de la sage-femme et du papa, vous n'imaginez pas le bien que cela peut faire dans les moments où l'on perd un peu l'espoir d'y arriver…

- Essayez le gaz antidouleur que la sage-femme peut vous proposer. Je n'ai pas aimé ni vraiment supporté de mettre ce masque sur mon visage, mais il paraît que le peu que j'ai reçu semblait apaiser le niveau de la douleur (j'avoue que cela ne m'a pas sauté aux yeux ; j'étais bien dans ma bulle, donc je ne me souviens pas de tout).

❼ Anticipez l'après-accouchement

Vous vous demandez ce que vient faire l'après-accouchement dans un sujet sur l'accouchement ? C'est ça aussi, la Slow parentalité® : il est important de préparer l'allaitement et le post-partum. La nouvelle maman peut être épuisée par la grossesse, par l'accouchement, débordée par le flot des émotions qui la submergent depuis la naissance, par son bébé, son trésor qui pleure, qu'il faut nourrir, soigner, protéger… C'est pourquoi, pour prendre soin de soi, il faut ANTICIPER !

La grossesse, l'accouchement et les « suites de couches » sont un tout, un défi à accomplir, une compétition sportive à gagner. Vous n'imagineriez pas courir un marathon sans préparation ? C'est pareil pour ces moments intenses physiquement et émotionnellement qu'il faut donc préparer : la grossesse, l'accouchement et le post-partum.

Pour l'allaitement, emportez à la maternité mon livre *100 Réflexes allaitement* que vous aurez lu pendant la grossesse et qu'il est bien d'avoir avec soi pour prendre confiance en soi et se rappeler les conseils comme « allaiter à la demande », « se mettre sur l'horloge bébé », etc.

❽ Faites votre nid à la maternité

Prenez possession des lieux pour vous sentir comme chez vous : une photo de famille, un collier porte-bonheur préparé par vos amis lors du *blessingway* (rituel de passage pour la future mère qui est organisé par ses amis à partir du 7e mois de grossesse) ou encore un fanion avec des petits mots d'encouragement à relire en salle de travail.

C'est le moment de diffuser de l'huile essentielle d'orange douce pour rendre le lieu apaisant, de tamiser la lumière, de demander au personnel soignant de chuchoter, d'avoir une couverture toute douce, votre coussin d'allaitement pour prendre les bonnes positions pendant le travail, etc.

❾ Faites équipe avec la sage-femme

Un accouchement naturel se prépare en équipe et la sage-femme libérale est incontournable pour réussir ce challenge. Je ne remercierai jamais assez la mienne, Frédérique, qui nous a accompagnés tout au long de la grossesse avec la méthode Bonapace. Et puis la sage-femme de l'hôpital qui nous a accompagnés le jour J était aussi indispensable avec tous ses encouragements, sans oublier ceux de l'auxiliaire de puériculture qui était présente en salle de naissance.

Car il y a dans l'accouchement naturel un moment de désespoir ou la douleur est si intense qu'elle est presque capable de vous faire abandonner... En vrai, évidemment, on n'abandonne pas, car la délivrance et la naissance de Bébé sont proches ! C'est là que les « tu vas y arriver ! », « ton bébé va naître, il faut juste pousser ! » sont indispensables pour tenir. Dans ce moment où la douleur était si intense, je pensais à mon lieu refuge au bord de la mer et à ma sage-femme libérale qui nous racontait comment cette phase difficile allait laisser place à la naissance de Bébé, la délivrance... et la joie indescriptible d'avoir son bébé contre soi, de l'avoir fait naître et d'en oublier la douleur aussitôt. C'est exactement ce qui est arrivé.

⑩ Ayez un papa-doula

Accompagnante à la naissance, *doula*[2] (voir encadré p. 70) et coach parentale depuis 2006, ayant accompagné en tant que doula des parents en France, puis en Angleterre, aux États-Unis, j'ai eu besoin de me sentir accompagnée à mon tour. Mais comme je trouve qu'en France, il est compliqué d'avoir sa doula en salle de naissance, je propose donc de faire du futur papa un « papa doula ». Un papa qui va soutenir la maman pendant la grossesse, l'accouchement, l'allaitement et la suite ! Le papa de ma petite Romy a été un accompagnant hors pair, il était là avec des paroles apaisantes ou encourageantes selon les moments, il a su utiliser les petits outils pour m'aider à lutter contre la douleur, à créer notre nid à la maternité, et il a aussi su s'effacer quand je ne supportais plus que l'on

2. Du grec ancien *doulê*, qui signifie femme esclave, servante.

me parle ou que l'on me masse, pour me laisser dans ma bulle, respecter mon accouchement, ma douleur, pour que je fasse naître notre bébé.

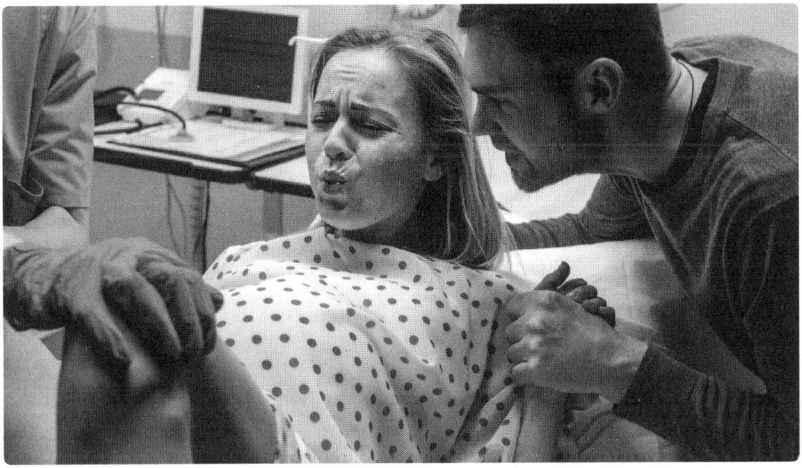

BÉBÉ ZÉRO, BÉBÉ SLOW

Vous connaissez le « 4e trimestre de la grossesse » ?

On ne compte plus les livres sur la grossesse, mais on commence à peine à parler d'un... 4e trimestre de celle-ci. Oui, vous avez bien lu : un trimestre de plus, pour que l'on n'oublie pas la mère... C'est le concept très intéressant du continuum, exposé par l'auteure américaine Jean Liedloff.

Car après avoir donné naissance à ce petit être tellement attendu, la nouvelle maman a elle aussi besoin d'être entourée et chouchoutée.

→

Oui, la nouvelle maman peut être épuisée par la grossesse, par l'accouchement, débordée par le flot des émotions qui la submergent depuis la naissance. Son bébé, son trésor qui pleure, qu'il faut nourrir, soigner, protéger, alors que pendant les trois premiers trimestres, il se débrouillait tout seul… dans son ventre. Elle le nourrissait, le portait, le berçait, sans même y penser.

Le concept du continuum, selon lequel il faut quatre trimestres de grossesse pour faire un bébé, peut sembler assez logique pour une maman maternante qui allaite son bébé à la demande et le porte pour ne pas rompre le lien maman-bébé trop tôt après la naissance. Jean Liedloff explique la nécessité pour les parents (et pas seulement pour la mère) de garder un contact très proche avec le bébé : pas de chambre séparée, le portage, etc. C'est ce que lui a inspiré sa fréquentation de la tribu des Yecwanas, un peuple autochtone de l'Amazonie.

En Europe aussi, les principes du continuum sont facilement applicables et même recommandés pour aider Maman, Papa et Bébé à nouer leurs premiers liens et permettre à la nouvelle maman de bien récupérer.

On profite de son congé maternité pour vivre au rythme de Bébé, pour se reposer quand il se repose, même lors des microsiestes. On conserve aussi les bons principes alimentaires acquis pendant les neuf premiers mois de la grossesse : une nouvelle maman a besoin de reconstituer ses réserves en vitamines, minéraux et nutriments. Il faut une alimentation à haute valeur nutritionnelle. Il suffit de demander à ses amis ou à sa famille de préparer de bons petits plats.

Bref, on continue à prendre soin de soi comme on le faisait pendant la grossesse « réelle » : faire attention à son alimentation, faire attention à son sommeil, faire attention à ses émotions… Et l'on n'hésite pas à demander de l'aide si l'on se sent fatiguée physiquement et émotionnellement, pour ne pas sombrer dans le *burn-out* maternel – autrement appelé « épuisement maternel ».

CHAPITRE 3 L'ALLAITEMENT, NATURELLEMENT ZÉRO DÉCHET

Oui, l'allaitement est naturellement zéro déchet. Pour toute maman écolo et zéro déchet, les bonnes raisons d'allaiter s'imposent d'elles-mêmes : il n'y a que du naturel dans le lait maternel !

Tout parent économe, qui veut le meilleur pour son bébé, appréciera de ne pas avoir à acheter de bouteilles d'eau – en plastique –, de boîtes de lait infantile en poudre, aux emballages pollueurs (même si vous pouvez transformer ces boîtes pour un usage dans votre quotidien en famille : boîtes à gâteaux, boîtes à crayons, photophores, etc.), un stérilisateur, des dizaines de biberons… Cela représente en moyenne 21 pots de 900 grammes de lait infantile premier âge et 25 pots de lait deuxième âge, soit en moyenne 46 pots à acheter la première année de Bébé ! Et cela a un coût non négligeable de plus de 60 euros par mois.

La « maman marmotte » sera ravie de laisser téter Bébé sans avoir besoin de se lever !

Quant aux parents débordés, ils aimeront n'avoir rien à préparer ni à planifier ! Le lait est toujours prêt à servir, à bonne température n'importe où, n'importe quand.

Eh oui, vous n'avez besoin de presque rien pour allaiter, et c'est l'un des intérêts de l'allaitement : vos seins sont remplis d'un lait toujours à bonne température (37 °C en permanence et sans besoin de chauffe-biberon ni d'aucun autre mode de réchauffage), en quantité adaptée aux besoins de votre bébé.

Quelques petits accessoires peuvent néanmoins devenir assez rapidement indispensables… Voici votre « shopping list » d'allaitement version zéro déchet expliquée pas à pas :

1. Un à deux soutiens-gorge d'allaitement… ou pas !
2. Des coussinets d'allaitement lavables
3. De l'huile de massage allaitement
4. Un baume spécial tétée
5. Un « tablier d'allaitement »
6. Des coquillages d'allaitement
7. Un coussin d'allaitement
8. Des provisions d'eau filtrée
9. Des aliments naturels et bio pour produire un lait maternel 100 % bio

UN À DEUX SOUTIENS-GORGE D'ALLAITEMENT… OU PAS !

Car il y a une possibilité de vraiment zéro déchet, c'est le « *no bra* » !

Avant, je conseillais dans mes coachings et mes livres d'avoir deux soutiens-gorge d'allaitement en coton bio, mais ça, c'était avant ! Vous connaissez le mouvement « *no bra* » (« pas de soutien-gorge ») ? L'idée est de se passer de soutien-gorge, de libérer ses seins d'un accessoire qui comprime, et cela même quand vous êtes une maman allaitante avec des seins remplis de lait.

Témoignage d'une « maman épanouie ou presque » trouvé sur son blog du même nom

« Donc j'en ai eu marre et j'ai rangé mes brassières […] et j'ai décidé de reprendre ma vie de maman allaitante sans soutien-gorge. Et, oh ! surprise ! c'est possible !

« Autant vous dire que je revis ! Je vous ai déjà parlé de mes soins au naturel aussi bien pour le visage que pour les cheveux, eh bien les seins ne dérogent pas à la règle ! Tous les week-ends donc, c'est gommage intégral au marc de café, douche et après : huile végétale (coco, argan ou avocat selon ma peau) en massage. Rien de plus. Et mes seins s'en portent très bien : les petits vaisseaux éclatés à cause de la montée de lait ont disparu.

« Parce qu'être une jeune maman épanouie (ou presque !), ça passe aussi par prendre soin de soi selon ses convictions ! »

DES COUSSINETS D'ALLAITEMENT LAVABLES

Les coussinets d'allaitement lavables sont des coussinets en tissu absorbants à glisser dans un soutien-gorge d'allaitement pour absorber le surplus de lait maternel.

En coton bio – mais ils existent aussi en laine et soie –, vous les laverez avec les couches lavables de Bébé et ses petits habits. Ils sont pratiques, écologiques et économiques.

Les marques chouchous : Les Tendances d'Emma, Disana, ApiAfrique.

L'HUILE DE MASSAGE ALLAITEMENT

L'« Huile de massage allaitement » de chez Weleda est à base d'huile d'amande et d'huiles essentielles. Sans conservateurs, sans colorants, sans parfum de synthèse et sans huile minérale, elle s'utilise à partir de la 38e semaine de grossesse et entre deux tétées. En automassage des seins en cas de douleurs lors de l'allaitement, elle aide à se détendre et favorise le drainage du lait.

UN BAUME SPÉCIAL TÉTÉE

N'hésitez pas à en abuser dès la maternité pour protéger vos mamelons après chaque tétée. Choisissez-le le plus naturel possible – il ne doit pas falloir l'enlever avant de mettre Bébé au sein.

L'huile « Protect Mamelon » de chez NéoBulle est une bonne option : la lanoline végétale brevetée hydrate et crée un film protecteur qui empêche l'évaporation et donc le dessèchement de la peau du mamelon et la formation de croûtes, et elle favorise la réparation des tissus.

Vous pouvez aussi essayer l'huile d'olive ou encore l'huile de calendula.

Cependant, le réflexe totalement zéro déchet pour éviter les crevasses, c'est de bien positionner votre bébé au sein.

Une position inadaptée du bébé étant la principale cause de formation de crevasses, la première chose à faire est donc d'y remédier pour apaiser des mamelons lourdement sollicités. Parfois, une petite modification peut suffire à résoudre la situation. Bébé doit être ventre contre ventre avec Maman…

UN « TABLIER D'ALLAITEMENT »

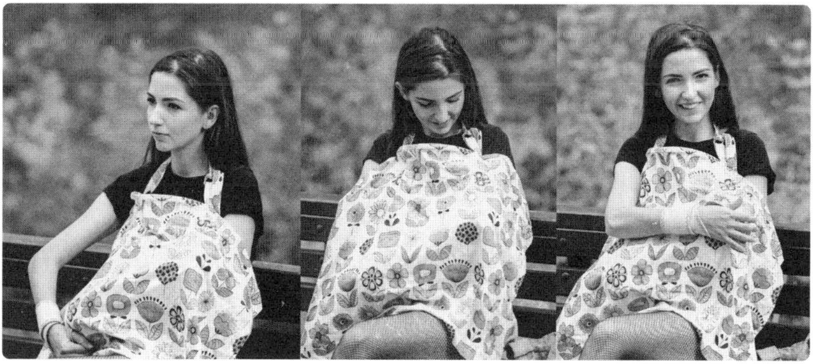

Le tablier d'allaitement Le Lait de Maman® permet d'allaiter en toute discrétion sans pour autant changer toute votre garde-robe ;

vous n'avez plus besoin d'être habillée de manière spéciale. Grâce à lui, vous pouvez allaiter votre bébé partout. C'est le vêtement qui s'utilise et se réutilise à l'infini… Un véritable accessoire zéro déchet.

Mon témoignage

Pourquoi j'ai créé un tablier pour allaiter ?
Personnellement, je n'ai aucune pudeur et je peux allaiter partout car j'assume le côté naturel de l'allaitement… Ceux que cela gêne peuvent regarder ailleurs, mais ce n'est pas toujours aussi facile à assumer pour toutes les femmes !

Toutes les mamans qui allaitent ne se sentent pas forcément à l'aise pour allaiter sous le regard des autres. Nous avons beaucoup discuté avec celles que cela gêne et voici ce qu'elles n'auront plus besoin de faire grâce au tablier d'allaitement : se dépêcher de nourrir Bébé juste avant de descendre au jardin avec l'aîné pour échapper aux regards, ne pas oser sortir au restaurant de peur de devoir allaiter sous le regard des voisins de table, s'isoler dans une chambre lors d'une réunion familiale pour ne pas gêner le grand-oncle, etc. Certaines mamans qui allaitent avec plaisir sont pudiques et sont gênées de répondre aux besoins de téter de Bébé n'importe où, n'importe quand. Avec le tablier d'allaitement, toutes les mamans, même les plus pudiques, peuvent allaiter à la demande de Bébé… où que ce soit !

Comment le tablier d'allaitement va-t-il aider à allaiter discrètement ?
Contrairement à une couverture que vous pourriez mettre sur Bébé pour vous sentir plus à l'aise pour l'allaiter en public, le tablier d'allaitement Le Lait de Maman ® permet à Maman et à Bébé de garder le contact en continuant à se regarder grâce à l'arceau du tablier. Bébé reste tranquillement contre Maman sans être emmitouflé… En plus, la sangle réglable permet au tablier de rester en place

et de créer un petit cocon pour Maman et Bébé. Pour les autres, le tablier d'allaitement Le Lait de Maman ®, avec sa forme très étudiée et unique, ressemble simplement à une petite robe d'été !

En quelle matière est fabriqué le tablier ?
Il y a plusieurs choix possibles : en coton, en coton bio et en chanvre bio.

Quel est le principal atout du tablier par rapport aux autres vêtements d'allaitement ?
Vous pouvez l'emporter partout et vous n'avez plus besoin d'être habillée de manière spéciale pour allaiter. Vous superposez votre tablier d'allaitement sur un débardeur, un Bikini, un tee-shirt, et cela donne l'impression que vous portez une petite robe d'été très jolie ! Évidemment, le tablier d'allaitement s'utilise en toute saison, même sur un pull en hiver.

Il y a de nombreuses couleurs et textures différentes, pour tous les goûts : rose indien en coton bio et chanvre bio, vichy bleu en coton, beige, à pois fuchsia, noir…

LES COQUILLAGES D'ALLAITEMENT

Vous allaitez ? Il n'y a pas d'aliment meilleur, plus simple ni plus adapté que le lait maternel. Vos seins sont remplis d'un lait toujours à la bonne température, en quantité adaptée aux besoins de Bébé.

Sauf que parfois, les démarrages ne sont pas si faciles que ça, on peut souffrir d'engorgement, de crevasses, d'un canal lactifère bouché, etc. Les petits bobos de l'allaitement existent… Mais il y a des moyens naturels de les anticiper, et même de les éviter. Les coquillages d'allaitement en font partie.

Avant tout, je rappelle que les coquillages d'allaitement n'ont rien à voir avec les coupelles d'allaitement en plastique, « qui sont plutôt la recette pour favoriser les engorgements et les crevasses » (*dixit* le *Programme d'encouragement des mamans*, mon livre numérique de coaching pour futurs et nouveaux parents et qui est disponible sur mon site www.lelaitdemaman.com) !

Oubliez les bouts de sein en silicone, car vous ne trouverez rien de mieux pour favoriser les crevasses. De même, oubliez les coupelles d'allaitement, car c'est la recette pour favoriser les engorgements. Les coquillages d'allaitement sont utilisés traditionnellement par les femmes scandinaves et constituent un beau souvenir d'une histoire d'allaitement. Si vous avez beaucoup de lait, utilisez les coquillages qui recueillent doucement le lait ou encore des coussinets pour absorber le surplus, que vous changerez le plus souvent possible.

Vous pouvez utiliser les coquillages d'allaitement pour soigner les petits bobos avec votre lait maternel ! Le lait maternel est en effet l'un des meilleurs cicatrisants et désinfectants naturels, en cas de crevasses en particulier (mais aussi pour les prévenir).

Les coquillages d'allaitement de la marque Bébé Nacre maintiennent le mamelon hydraté en permanence avec le lait maternel, et évitent également le frottement des bouts de sein sensibles contre vos vêtements.

Les coquillages (qui sont de l'espèce des patelles) permettent aussi de maintenir le mamelon en contact avec une crème de soin si vous en utilisez.

Ils ne polluent pas et sont réutilisables. Chaque coquillage est ramassé, poli, calibré et emballé à la main avec soin.

LE COUSSIN D'ALLAITEMENT

Il vous aide à positionner correctement Bébé au sein tout en étant installée confortablement, sans risque de mal de dos ou de crevasses aux seins, pour allaiter. Le coussin d'allaitement rempli avec du liège ou des balles d'épeautre est tout naturel et zéro déchet. Toutes les futures et les nouvelles mamans devraient avoir un coussin d'allaitement.

Mais son nom est réducteur, car ce petit coussin magique a bien d'autres usages pendant la grossesse et quand Bébé grandit : coussin de maternité pour trouver la bonne position pour dormir en fin de grossesse, réducteur de lit pour caler Bébé, petit nid pour la sieste de Bébé (une housse ronde reçoit votre grand coussin d'allaitement replié, formant ainsi un « pouf », creux dans son milieu, pour y loger ou asseoir Bébé), mini-aire de jeux en délimitant un espace avec le coussin.

N'hésitez pas à investir dans un bon coussin d'allaitement pour allaiter couchée ; il vous permettra de soutenir votre tête et de caler Bébé. La sage-femme peut vous montrer comment bien l'installer dès la maternité.

Pour allaiter en position assise, Bébé repose sur le coussin et votre dos est maintenu. Adieu les crampes dans les bras pour soutenir Bébé !

Mon produit chouchou en Slow parentalité® est un coussin d'allaitement en liège. Les grains de liège sont issus d'une suberaie (forêt de chênes-lièges) des Landes et c'est une toute petite entreprise qui vend ces coussins. Laure de Fleur de Sarrasin (www.fleurdesarrasin.fr) les commercialise sur mesure depuis 15 ans.

Témoignage de Laure, créatrice de Fleur de Sarrasin

« C'est une culture durable qui "déshabille" les chênes tous les deux ans. Puis on passe tout à l'eau bouillante pour enlever les petits habitants et on enlève la poussière en soufflerie. Laure s'occupe du reste : découpage du tissu, remplissage avec les granulés de liège, habillage. Les coussins obtenus font 2 kg pour un coussin de taille moyenne d'1,60 m et de 34 l en volume.

« Le liège est un composant naturel, qui remplace naturellement les billes de polystyrène. »

Au départ, vous allez sentir le côté naturel du coussin et l'odeur bien présente du liège, comme l'odeur des bouchons de vin, mais cela disparaît à l'usage. Le coussin d'allaitement en liège (des petites billes pleines de 2-3 millimètres) ne contient pas de produits organiques volatiles et est hydrophobe, il ne craint donc pas les petits renvois de lait de Bébé ou les surplus de lait qui peuvent s'écouler des seins pendant la tétée.

C'est un produit de puériculture naturel durable, car il va vous servir pendant des années et vous pourrez le réutiliser pour soulager des douleurs au dos, mieux dormir en période d'insomnie, etc.

Comme Laure fait du sur-mesure selon les commandes, vous pouvez demander la taille que vous voulez et le tissu biologique qui vous plaît. Elle propose par ailleurs la version en cosse de sarrasin AB.

Vous pouvez aussi commander des bouillottes en sarrasin pour Bébé, qui sont parfaites pour soulager les coliques, les petits maux de ventre, etc., ou encore des oreillers en cosse de sarrasin pour votre propre bien-être.

DES PROVISIONS D'EAU FILTRÉE

Vous avez besoin d'eau, car allaiter donne soif ! Vous devez avoir un verre d'eau à portée de main et absorber 2 litres d'eau par jour. Il vous faut par ailleurs 8 jours pour acquérir un bon réflexe et en faire un automatisme.

Rassurez-vous, il y a plein de façons d'atteindre sa quantité d'eau au quotidien : buvez pendant et entre les repas ; ayez toujours une gourde en verre ou en inox à portée de main ; instaurez-vous des petits rituels boissons comme un verre d'eau au réveil, une Thermos de tisane dans l'après-midi ; misez sur les préparations et les aliments riches en eau : jus de fruits maison, soupes et bouillons de légumes, fruits et légumes riches en eau (melon, orange, raisin, courgette, tomate, concombre, etc.) ; variez en utilisant toutes les façons différentes de consommer de l'eau : eau pure, tisanes, concentrés à base de réglisse, pulpe de fruits, etc.

LES TISANES QUI FAVORISENT L'ALLAITEMENT

À vous de fabriquer ou de faire fabriquer votre propre tisane d'allaitement !

Il vous faut les plantes suivantes : **cumin, fenouil, galéga, ortie blanche** et **orange douce.** Le cumin, le fenouil et le galéga sont des plantes galactogènes qui provoquent ou accroissent la sécrétion de lait chez la mère allaitante. L'ortie blanche est un régulateur des écoulements sanguins qui peuvent avoir été déclenchés par la naissance du bébé. Cela permet à la mère de retrouver plus rapidement le confort utérin d'avant la naissance. L'orange douce possède une forte teneur en vitamine C et donne à la tisane une saveur et une odeur agréables.

Conseils d'utilisation : mettez une 1 à 2 cuillerées dans un bol, versez de l'eau frémissante sur les plantes et laissez infuser 5 minutes.

DES ALIMENTS NATURELS ET BIO POUR PRODUIRE UN LAIT MATERNEL 100 % BIO

Avec une alimentation zéro déchet, locale et de saison, vous allez fabriquer le lait… le plus naturel et sain !

À SAVOIR

Même si vous ne mangez pas bio ni local, le lait maternel sera toujours le meilleur et le plus sain pour votre bébé.

Le lait maternel est l'aliment le plus adapté aux besoins spécifiques de votre bébé et, même pollué, il le reste. L'OMS recommande six mois d'allaitement exclusif. C'est une ressource naturelle qu'il faut protéger le plus possible pour que Bébé prenne son lait à la source… sans souci !

Dans le lait maternel, il y a 85 % d'eau et des protéines (entre 8 et 12 g/l) dont la teneur est parfaitement adaptée aux besoins du nourrisson car elles sont très bien absorbées. Mais il y a aussi des lipides (35 g/l) qui sont très digestes, du *Bifidobacterium bifidum* – un probiotique naturellement présent dans notre organisme –, du fer, des sels minéraux comme le calcium, le magnésium, etc., et des vitamines A, B, C, D et E, mais cela changera selon les variations de l'alimentation maternelle.

Une des règles de l'allaitement est que tout ce que vous consommez – les aliments que vous mangez, les cosmétiques que vous mettez sur votre peau, les médicaments que vous prenez pendant l'allaitement – va passer dans le lait maternel. Les polluants – DDT, dioxine, plomb, insecticides et PCB – vont donc eux aussi passer dans votre lait, à des taux variables, et il faut donc s'en méfier.

Voici quelques clés pour vous protéger au maximum des polluants :

- Lavez et épluchez les fruits et les légumes pour ôter les résidus de pesticides ou, encore mieux, achetez-les biologiques.

- Consommez le plus possible de produits bio, car les aliments biologiques sont plus riches en vitamine C.

- Limitez votre consommation de viande et de produits laitiers trop gras qui concentrent les polluants liposolubles.

- Préférez les viandes maigres et ne consommez pas la peau du poulet.

- C'est le moment de devenir flexitarienne (qui réduit la consommation de viande à l'exceptionnel) ou même végétarienne !

- Évitez de consommer les poissons des espèces les plus grosses (thon frais, espadon, loup, requin, etc.) qui sont facilement polluées par le mercure. Les autres poissons sont une source de fer, de zinc et d'oméga-3.

- Évitez l'utilisation des pesticides, insecticides, peintures, solvants, etc. et autres produits chimiques.

- Limitez l'absorption des médicaments à l'indispensable et fuyez l'automédication.

- Ce n'est pas le moment de faire un régime, car c'est déconseillé pendant l'allaitement et vous avez au contraire besoin de calories supplémentaires. Votre besoin énergétique varie entre 2 500 et

2 800 calories par jour quand Bébé a entre 0 et 6 mois. Mais ce n'est pas une raison pour ajouter un pain au chocolat au goûter, plutôt des aliments à haute valeur nutritionnelle comme les fruits secs. En effet, les pertes de poids importantes remettent en circulation les polluants stockés dans le sang.

Mon témoignage

« Aujourd'hui, j'aimerais éclairer les futures mamans qui se posent beaucoup de questions sur l'allaitement : "Vais-je vraiment allaiter ? Est-ce que mon lait sera bon pour mon bébé ?"

*« Vous avez sans doute vu cette campagne de prévention brésilienne qui met en garde les femmes allaitantes sur ce qu'elles mettent dans leur assiette : on y voit un bébé au sein, sein qui a la forme d'un hamburger, d'un muffin ou encore d'un donut, avec écrit dessus : "Votre bébé est ce que vous mangez" (traduction de "*Your child is what you eat*").*

« Aujourd'hui, cela devient presque culpabilisant de croquer dans un donut à la fraise tout en allaitant son bébé, non ? Oui, bien sûr, le propre d'une campagne de prévention est de mettre en garde contre des risques, d'où les images choc. Mais la méthode, si elle est efficace, peut aussi culpabiliser les mères et les faire douter de leur choix d'allaitement… Surtout les futures et nouvelles mamans qui s'interrogent sans cesse sur leur choix pour leur futur ou nouveau bébé.

« Alors que fait-on ?

« Et si je donnais plutôt, se demandent certaines, le biberon de lait artificiel produit par un laboratoire au lieu d'un lait rempli de polluants comme les DDT, la dioxine, des insecticides que je vais produire avec tout mon amour ?

« Et puis, une étude de l'Inserm vient de montrer que "les mères françaises arrêtent d'allaiter tôt leur bébé" : 17 semaines d'allaitement en moyenne en France, soit moins de 4 mois. On est assez loin des 6 mois d'allaitement maternel exclusif puis d'allaitement partiel jusqu'aux 2 ans de l'enfant préconisés par l'Organisation mondiale de la santé. Il y a plein de bonnes raisons à cela, comme, parfois, le manque d'informations et de conseils sur l'allaitement de la part des médecins, le manque d'accompagnement et de compréhension de la part de l'entourage, le découragement des mères, les petites difficultés au démarrage de l'allaitement qui peuvent devenir des galères si la maman n'est pas bien conseillée, la difficulté d'allaiter quand on travaille, etc. (liste non exhaustive malheureusement). Sur ce sujet, lisez l'article du journal Le Monde *"Pourquoi les Françaises n'allaitent pas aussi longtemps que le préconise l'OMS ?" daté du 22 septembre 2015.*

« NON, NON et NON, n'arrêtez pas d'allaiter et soyez rassurée : le lait maternel reste le plus adapté à votre bébé, le plus écolo dès le berceau.

« Et vous pouvez même le préserver davantage en suivant ces quelques conseils (tirés de mon livre 100 Réflexes allaitement *paru aux éditions Leduc) :*

- *on se met au bio, du moins pour les fruits et les légumes qui sont très riches en vitamine C ;*
- *on oublie les charcuteries emballées qui sont bourrées de nitrates ;*
- *on évite la consommation des poissons d'eaux profondes comme le thon à cause de la présence de mercure dans le fond des océans.*

« Et, surtout, informez-vous dès la grossesse pour avoir des informations éclairées et réconfortantes sur l'allaitement.

« OUI, vous pourrez faire du "bon lait" pour avoir un bébé 100 % nourri au lait maternel. Et puis, "assumez votre choix d'allaiter... et même celui de ne pas allaiter sans culpabiliser. Le plus important est que ce choix soit le vôtre *et qu'il soit complètement assumé*[3]*".*

« OUI, le lait maternel est le plus adapté, totalement zéro déchet, et c'est l'aliment le plus naturel pour Bébé car il est bourré d'anticorps, toujours à bonne température, et cela vaut toujours le coup d'essayer l'allaitement !

« Maintenant, faites tout ce que vous pouvez pour bien vous alimenter pendant l'allaitement, comme vous le faisiez pendant la grossesse, mais ne culpabilisez jamais si vous voulez croquer dans un muffin. Vous aurez suffisamment de sujets pour vous culpabiliser en tant que maman ! Et rappelez-vous cette petite équation : Maman heureuse + Papa heureux + Bébé heureux = Tout pour bien commencer votre vie de parents !

« Pour ma part, maman 100 % bio, allaitante au long cours, j'ai accouché de deux de mes six enfants aux États-Unis, alors je peux vous assurer que j'ai croqué plus d'une fois dans un donut sans culpabiliser, car le reste du temps, je me nourrissais de produits bio, locaux et de saison. »

3. *Cf. Programme d'encouragement des mamans*, mon livre numérique de coaching pour futurs et nouveaux parents, disponible sur www.lelaitdemaman.com.

QUELS BONS RÉFLEXES ADOPTER ?

Vous allaitez bébé et vous verrez que certaines personnes ont parfois des idées bien arrêtées sur la façon d'allaiter (ou de ne pas allaiter) et ne se gêneront pas pour vous faire des remarques. Soyez prête à y répondre et à assumer pleinement votre choix d'allaiter votre bébé : parce que c'est bon pour lui et pour vous...

Le premier réflexe à adopter pour un allaitement réussi est de ranger votre montre au fond d'un tiroir, d'oublier la notion du temps et d'allaiter à la demande ! Calez-vous sur « l'horloge Bébé ».

Voici les autres réflexes à adopter pour un « vrai » allaitement à la demande :

- Il n'y a pas un nombre de tétées maximal par jour à imposer au bébé : certains vont téter 12 fois par 24 heures.

- Les bébés allaités n'ont pas le rythme de ceux au biberon : pas d'horaires à respecter.

- C'est le principe de l'offre et de la demande qui s'applique : plus Bébé tète, plus Maman produit.

- C'est Bébé qui impose son rythme : certains tètent beaucoup la nuit, d'autres font des tétées « groupées » le soir...

- Il n'y a pas besoin de laisser digérer Bébé grâce à la digestion express du lait maternel.

- Tant que l'allaitement est exclusif, ne donnez pas d'eau entre les tétées pour le faire « patienter » : cela peut perturber votre lactation.

À SAVOIR

- Bébé va plus que doubler son poids en six mois (et c'est grâce au lait ingéré).
- Le lait maternel se digère en 20 à 40 minutes contre 2 à 3 heures pour le lait premier âge en poudre.
- L'allaitement, ce n'est pas que pour nourrir Bébé : le sein permet de soulager une douleur, d'endormir Bébé… et de le calmer.
- On oublie les biberons de complément proposés à la maternité (lait industriel en minibiberon plastique… un lobby des marques de lait et du gaspillage) !

RECETTE « SANTÉ ZÉRO DÉCHET » : LE LAIT MATERNEL, UN REMÈDE NATUREL ZÉRO DÉCHET

Le lait maternel a des vertus antiseptiques reconnues mais sous-utilisées. Alors, à vous de tester ce petit remède 100 % bio, naturel, bourré d'anticorps et sans contre-indications. Bien sûr, cela ne vaut que pour les petits bobos et ne remplacera pas les médicaments prescrits par votre médecin. Mais cela vaut la peine d'essayer !

3 CONSEILS POUR SOIGNER AVEC LE LAIT

- En cas de crevasses pendant l'allaitement, faites perler quelques gouttes de votre lait, puis massez votre mamelon avant de le laisser sécher à l'air libre.

→

- En cas de rhume, prenez une dosette de sérum physiologique vide et remplissez-la de lait maternel fraîchement tiré, puis envoyez le précieux liquide dans le petit nez de Bébé.

- En cas d'érythème fessier, appliquez du lait maternel au moment du change.

POUR ALLER PLUS LOIN…

Je suis l'une des premières doulas en France. Les doulas, très nombreuses dans les pays anglo-saxons, apportent soutien et réconfort aux jeunes mamans avant, pendant et après l'accouchement. La doula est une coach de grossesse et d'allaitement. Le mot fait encore peur en France, car le principe n'est pas encore entré dans le suivi de la grossesse. Pourtant, cet accompagnement est un complément (certains diront un luxe) du suivi médical traditionnel et ne le remplace nullement. Ni sage-femme, ni médecin, la doula materne les futures mamans et les futurs papas lancés dans l'aventure de la grossesse… mais aussi de l'allaitement.

Voici l'impact de la doula sur l'allaitement d'un bébé à 6 semaines :

	SANS DOULA	AVEC DOULA
Allaitement exclusif	29 %	51 %
Allaitement à la demande	47 %	81 %

	SANS DOULA	AVEC DOULA
Problèmes d'allaitement	63 %	16 %
Nombre moyen de jours d'allaitement exclusif	24	32

Source : Marshall H. Klaus *et al.*, « *The Doula Book: How A Trained Labor Companion Can Help You Have A Shorter, Easier And Healthier Birth*", Da Capo Lifelong Books, 2012.

Mes services de doula et « Mom and Baby planner » sur www.lelaitdemaman.com, 06 16 29 49 33.

BÉBÉ ZÉRO, BÉBÉ SLOW

Les liens mère-père-bébé et le processus d'attachement à encourager !

- Favorisez les liens avec Bébé grâce au phénomène de l'empreinte et au contact maman-papa-bébé !
- L'attachement entre une mère et son bébé, un élément essentiel de la croissance, est un processus qui commence par le contact physique, peau contre peau. Et plus tôt ce processus précieux commence, plus il apporte de bienfaits à l'enfant. Alors n'attendez pas !
- Le contact physique, c'est le B.A.B.A du processus d'attachement maternel, que l'on appelle le « phénomène de l'empreinte » entre la mère et son bébé. La mise

→

en place dès la naissance de ce lien inébranlable est possible pour toutes les mères, y compris celles ayant accouché par césarienne.

- Bien préparer l'accouchement et les heures qui suivent est la première clé pour favoriser et multiplier les contacts maman-bébé qui feront de la mère la figure d'attachement. Voici quelques conseils pour y parvenir dans toutes les situations :

- gardez Bébé auprès de vous juste après la naissance. Si vous accouchez par césarienne, le père peut aussi prendre Bébé contre lui pendant les premières minutes ;
- multipliez les moments de peau-à-peau selon la méthode Kangourou, le bébé étant nu contre la peau de sa maman, cela va réguler sa température, son rythme cardiaque, son taux de sucre et surtout faciliter l'attachement bébé-parents ;
- le bébé va développer, dans les heures aussitôt après sa naissance, un intérêt particulier pour le visage de sa mère, le sein et le mamelon. Il a besoin à ce moment de retrouver la chaleur et l'odeur de sa mère, cela facilitera aussi la montée laiteuse et il pourra consommer le précieux colostrum. Tout le reste comme le bain, la pesée et autres soins peuvent attendre – sauf en cas d'urgence médicale bien sûr ;
- nourrissez Bébé en le gardant contre vous. C'est vrai aussi pour celles qui donnent le biberon ; il faut donner le biberon à Bébé comme on lui donnerait le sein : on le met contre soi en le maternant ;
- ne cédez pas aux « Vous êtes fatiguée, nous allons le mettre en pouponnière », « Confiez-le-nous pour la nuit, vous vous reposerez mieux », etc. ;
- sachez que tous les comportements de Bébé comme aller chercher le sein, pleurer, téter, permettront l'interaction

maman-bébé qui favorise l'attachement maternel et parental. Avec, à la clé, le réconfort, la confiance de Bébé en ses parents pour s'occuper de lui et la proximité émotionnelle et affective entre lui et ses parents ;
- le bébé est un être porté et il faut mettre en place tous les moyens pour favoriser le contact physique entre Bébé et Maman, puis Papa bien sûr. Cela va rassurer à la fois Bébé, mais aussi ses parents qui vont prendre confiance en leur capacité à bien s'occuper de leur bébé.

Le maternage proximal

- Gardez Bébé le plus longtemps possible blotti contre sa maman : oubliez l'éducation à l'ancienne !

- Dès la naissance, Bébé a besoin d'entrer en contact avec sa mère, de s'imprégner d'elle. Beaucoup de bébés n'ont pas de rythme précis et prennent tout leur temps avant de bien faire la différence entre le jour et la nuit. C'est à vous de prendre de Bébé et non l'inverse… Et contrairement à ce que de nombreuses personnes pensent, répondre aux besoins de son bébé, pratiquer un maternage proximal, permet d'être à l'écoute de son bébé plus facilement, plus naturellement, et de prendre confiance en sa capacité de mère.

- Être une « maman nature » ou un « papa nature » signifie que vous allez vous passer des gadgets de la puériculture traditionnelle comme un écoute-bébé, un parc, une poussette, pour être acteurs de votre parentalité en étant à l'écoute des besoins de votre bébé naturellement, mais aussi à l'écoute de vos propres besoins. Cela va dans le même sens. Un parent qui écoute son bébé et qui répond à ses besoins prend tout aussi naturellement confiance en son rôle de parent. Être un parent à l'écoute de son enfant, bienveillant et rempli d'amour, permet de donner à son enfant confiance en soi.

INFO

En portant son enfant, on est plus facilement à l'écoute de ses besoins ; Bébé ressent du bien-être de voir ses besoins comblés et pleure moins (réduction de 48 % des pleurs de jour et de 51 % des pleurs de nuit d'après la revue *Pediatrics* en 1996). Sans oublier que Bébé aime naturellement le mouvement : il retrouve les sensations qu'il avait dans le ventre maternel. Au quotidien, c'est Bébé en cododo et en peau à peau pour être dans l'attachement parental naturel et zéro déchet !

CHAPITRE 4
L'ALIMENTATION D'UN BÉBÉ ZÉRO DÉCHET

Avoir un bébé zéro déchet, c'est aussi lui donner, dès que possible, de bonnes habitudes alimentaires pour qu'il soit en bonne santé tout en sauvant la planète !

On continue sur les bonnes habitudes prises pendant la grossesse et pendant l'allaitement. Bébé va apprendre à se nourrir sans superflu avec une alimentation à haute valeur nutritionnelle, naturelle, bio, écolo et délicieuse !

Vous avez choisi d'allaiter votre bébé dès la naissance pour qu'il profite des bienfaits incomparables du lait maternel et parce qu'il n'y a pas de meilleure façon d'instaurer le lien entre Bébé et vous. Et puis l'allaitement, c'est tout simple, naturel et par essence zéro déchet : il n'y a que du naturel dans le lait maternel, mais aussi aucun emballage pollueur, pas de bouteilles en plastique ni de boîtes de conserve de lait en poudre industriel.

On oublie ensuite les petits pots industriels, et on zappe les produits laitiers !

Les produits industriels pour bébés sont stérilisés, dévitalisés, n'ont pas la même valeur nutritionnelle que des aliments frais (30 % de vitamines en moins que le fait maison). Si vous ressentez le besoin d'avoir une petite réserve de produits pour bébés au cas où, achetez quelques petits pots, même si vous risquez de les retrouver dans votre placard quelques années plus tard. Les petits pots en verre sont recyclables mais pas leurs couvercles, cependant, vous pourrez les réutiliser pour stocker vos épices et vos herbes dans la cuisine. Il est indispensable de réutiliser au maximum tout ce que vous achèterez et qui n'est pas zéro déchet au départ.

En ce qui concerne le lait de vache, qui compose la plupart des boîtes de lait industriel pour les bébés qui ne sont pas allaités, il est à éviter ! Ce n'est plus un « aliment santé », comme on l'a longtemps pensé avec des publicités comme « Les produits laitiers sont nos amis pour la vie », alors on passe au lait végétal pour éviter allergies alimentaires et autres inconvénients pour les petits ! Il existe même des boîtes de lait premier et deuxième âge en version lait de riz ou lait d'amande.

Bébé va grandir et le lait maternel ne lui suffira plus comme aliment unique : il faudra donc passer à la diversification alimentaire tout en gardant à l'esprit le concept du zéro déchet au quotidien. L'idée est de conserver le plus longtemps possible les tétées de lait maternel, selon les envies et les besoins de votre bébé, et de lui proposer de passer à la diversification menée par l'enfant, ou DME. Cette méthode vient des États-Unis où elle existe sous le nom BLW, *Baby Lead Weaning*, et commence à se développer en France où elle est de plus en plus encouragée par les pédiatres. On en parle même dans les émissions de télévision comme *La Maison des Maternelles* sur France 5 et vous pouvez regarder des petits films sur le sujet sur YouTube, une bonne idée pour ne plus avoir peur de se lancer dans la DME et encourager l'autonomie alimentaire de votre bébé !

Bébé va se familiariser avec la nourriture à son propre rythme en respectant les consignes de sécurité de la DME, et une DME faite dans les règles ne fait pas courir plus de risque d'étouffement chez les bébés en DME que chez les autres qui ne mangent que des purées.

Par ailleurs, pour nourrir Bébé en version zéro déchet, il suffit de cuisiner vous-même, le plus naturellement possible, avec des produits de saison, locaux (en circuits courts) et bio (sans pesticides, sans engrais chimiques, sans OGM).

LA DME OU LA DIVERSIFICATION MENÉE PAR L'ENFANT... TOUT NATURELLEMENT !

Tout d'abord, rappelez-vous que l'allaitement jusqu'à 6 mois couvre les besoins nutritionnels de Bébé et joue un rôle de prévention dans les allergies. Et puis l'allaitement joue aussi un rôle protecteur contre l'obésité : les bébés au sein régulent mieux les quantités de lait qu'ils ingèrent, aiment le goût des fruits et des légumes verts..., sans doute parce que le lait maternel prend le goût des aliments que vous mangez.

Il faut éviter la diversification alimentaire trop précoce, même si ce thème est encore sujet à controverse entre ceux qui recommandent la diversification entre 4 et 6 mois et ceux qui préconisent d'attendre les 6 mois de Bébé avant de lui proposer autre chose que du lait.

La diversification menée par l'enfant, c'est quoi ?

Plusieurs approches coexistent pour la diversification alimentaire de Bébé (comme pour presque tous les sujets concernant les bébés). La diversification menée par l'enfant (DME) est l'une de ces méthodes. Pour résumer, son principe est de respecter l'autonomie de votre petit lors de sa diversification et de proposer les aliments dans un climat de sérénité. Il apprendra à se débrouiller tout seul et à faire les bons choix nutritionnels assez rapidement sous la surveillance d'un adulte.

Non, on ne force pas un enfant à manger tel ou tel aliment. On lui offre plusieurs choix et il finira par manger volontiers des fruits et des légumes avec gourmandise !

Le plus facile est de lui proposer des fruits et des légumes bio et de saison, d'abord des petits morceaux que bébé peut attraper tout seul, puis entiers : banane, poire, pêche et carotte ou patate douce, cuites et tranchées dans la longueur… Bien sûr, aider un enfant à faire sa propre expérience lors de la diversification ne vous dispense pas de rester très vigilant et de le surveiller pour qu'il ne croque pas un morceau trop gros qui risquerait de l'étouffer.

Il est aussi important de créer un environnement dans lequel Bébé va se sentir bien à table : on le fait manger en même temps que le reste de la famille car il adore vous imiter et cela favorisera son développement psychomoteur : attraper les aliments puis les manger avec ses doigts…

QUELQUES GRANDS PRINCIPES POUR UNE DIVERSIFICATION NATURELLE

- Bébé doit tenir bien assis tout seul : il peut être installé sur vos genoux ou dans une chaise haute.
- Bébé doit manger dans le calme.
- On introduit un seul aliment nouveau par semaine afin de repérer toute intolérance ou allergie.
- On propose des aliments en gros morceaux qu'il va pouvoir tenir dans sa main et qui sont fondants pour qu'il puisse les écraser facilement dans sa bouche, et on laisse Bébé les prendre et les manger sans intervenir…, tout en restant à côté de lui pour le surveiller mais surtout l'encourager !
- On commence par des légumes-racines comme la patate douce au goût naturellement sucré, mais aussi la carotte en bâtonnets et la pomme de terre, sans oublier des légumes verts comme le brocoli.
- On poursuit par des fruits plutôt doux : pomme, poire, banane… Pour les fruits exotiques, ou les agrumes, on attend l'âge d'un an. On propose à partir de 6 mois des fruits crus en dehors des repas, ou bien cuits à la vapeur douce en fin de repas.

→

- On joue avec les textures (purée liquide, aliments écrasés à la fourchette, petits morceaux pour stimuler son réflexe de mastication).
- On n'ajoute aucune matière grasse avant l'âge d'un an et on n'ajoute pas de sucre non plus.
- On ne compte pas les quantités, puisque l'on propose des aliments naturels et sains.
- On propose aussi à Bébé de goûter les aliments de notre assiette, car l'idée est de manger en famille et de transmettre nos habitudes alimentaires dès le berceau.
- On oublie les produits industriels qui ne sont pas zéro déchet, qui sont trop transformés, trop salés, trop sucrés et qui n'ont pas la même saveur que les aliments frais.

Que vous optiez pour la DME, que vous choisissiez une approche plus traditionnelle mais toujours la plus naturelle possible ou même que vous fassiez un mix des deux (oui, oui, c'est tout à fait possible), l'important est d'être à l'écoute de votre bébé, de ses besoins et de ses envies.

Cette méthode de diversification alimentaire va favoriser la motricité fine, l'éveil au goût et l'écoute de Bébé de ses propres besoins : on ne le force pas à finir. Au début, il va se familiariser en jouant avec les aliments, puis il va manger plus facilement de tout et faire comme tous les autres membres de la famille : « manger comme un grand ». Sachez tout de même que cela vous prendra au début un peu plus de temps que de donner un petit pot et que c'est plus salissant mais bien plus rigolo. C'est sans emballage superflu. Vous donnerez ainsi à votre bébé le goût d'une alimentation naturelle, faite avec amour par ses parents.

Soyez rassuré, si vous respectez à la lettre les principes de la DME, il n'y a pas plus de risque que de donner des purées, car vous le surveillerez constamment et Bébé a un fort réflexe nauséeux : il renverra naturellement un morceau qui le gêne. N'hésitez pas à vous faire accompagner par les professionnels de la petite enfance : pédiatres, diététiciennes, personnels de crèche, qui sont formés à cette méthode pour le développement naturel des bébés.

À SAVOIR !

- Les légumes et les fruits les plus pollués (quand ils ne sont pas bio) (classement établi par l'association Générations futures en février 2018) :
  - céleri en branche ;
  - herbes fraîches (sauf persil, ciboulette, basilic) ;
  - endive ;
  - céleri-rave ;
  - laitue ;
  - raisin ;
  - clémentine et mandarine ;
  - cerise ;
  - pamplemousse ;
  - fraise ;
  - nectarine et pêche ;
  - orange.

- Les légumes les moins pollués :
  - betterave ;
  - igname ;
  - asperge ;
  - maïs doux.

→

- Les fruits les moins pollués :
  - prunes/mirabelle ;
  - kiwi ;
  - avocats.

Témoignages de parents adeptes de la DME

Marie-Laure : *« J'ai regardé tous les groupes consacrés à la DME sur les réseaux sociaux, j'ai discuté avec d'autres parents pour avoir les meilleurs conseils sur la DME. Je trouve que le principe de la DME est naturel car l'enfant porte de lui-même des morceaux à sa bouche dès qu'il est en capacité de le faire, selon ses capacités de préhension. Donc vers 6 mois, j'ai commencé avec de gros morceaux de la taille du poing. Petit à petit, en suçant/écrasant/mâchouillant, il apprend à gérer les morceaux qu'il aura lui-même réussi à détacher, ce qui est moins dangereux que de lui mettre des petits morceaux dans la bouche qui iront rapidement vers le fond et qu'il ne pourra pas repousser avec sa langue. De même, pour le réflexe de régurgitation, il intervient assez en avant de la langue chez les tout-petits, ce qui leur permet d'avoir des haut-le-cœur avant que l'aliment arrive au fond (si on lui met des petits morceaux directement au fond, c'est trop tard pour l'efficacité de ce réflexe). »*

Mon témoignage : *« J'ai découvert la DME aux États-Unis où j'ai accouché de mes jumeaux Félix et Victoire en 2011 avec la méthode BLW (*Baby Lead Weaning*) ou l'« alimentation autonome de Bébé ». Ce mode de diversification alimentaire naturel est un choix dans la continuité de l'allaitement exclusif : ce sont mes enfants qui choisissent les aliments qu'on leur propose devant eux et les portent à leur bouche en nous imitant. On prend soin du lien parent/enfant avec cette diversification naturelle qui implique les parents accompagnant l'instinct de Bébé, son développement, son* *évolution naturelle, ses envies et ses goûts. Bye bye les purées, sauf quand le plat familial est trop salé ou trop sucré pour lui (évidemment, on s'adapte avec bon sens) : vous pouvez alors préparer une petite purée en plus rien que pour lui… Mais vous verrez, Bébé en DME aime vous demander les aliments "comme tout le reste de la famille" et manger comme nous sans pression ! »*

Bébé végétarien et végétalien

On entend souvent dire que la viande est « la » source indispensable pour les protéines. Pourtant, la production de viande est un désastre pour la planète. Elle a un impact majeur sur le dérèglement climatique, la déforestation et la consommation d'eau. #UrgenceClimat.

323 millions de tonnes de viande ont été produites dans le monde, selon l'Organisation des Nations unies pour l'alimentation et l'agriculture. Chaque année, ce sont 65 milliards d'animaux qui sont tués. L'élevage est responsable de 14,5 % des émissions de gaz à effet de serre. Un kilogramme de viande bovine équivaut à une émission de 27 kg de gaz à effet de serre.

De plus en plus d'initiatives sont prises pour nous inciter à réduire notre consommation de viande, et on peut être végétarien dès le plus jeune âge ! La Journée sans viande est la version francophone de la campagne internationale *MeatOut Day*, une initiative lancée en 1985 par l'association américaine pour les droits des animaux, FARM, qui milite pour une alimentation sans produits d'origine animale par respect pour les animaux, pour la préservation de la planète et pour l'amélioration de la santé. Avoir un bébé zéro déchet, c'est lui donner le goût d'une alimentation équilibrée et sans aucune carence, mais aussi sans viande : c'est le choix respectueux de la planète mais aussi de la santé de Bébé.

Et pour aller encore plus loin, Bébé peut aussi adopter une alimentation végétalienne, c'est-à-dire sans aliments d'origine animale (viande bien sûr, mais aussi œufs, produits laitiers, miel), à condition de bien respecter ses besoins nutritionnels essentiels avec un apport en céréales complètes (riz, quinoa, épeautre, sarrasin, etc.), en légumineuses riches en protéines végétales (lentilles corail, farine de pois chiche, pois chiches à partir de 8 mois et lentilles vertes à partir d'un an), en oléagineux (noisettes, pignons de pin, etc.) ou d'autres superaliments comme la purée d'amandes, les germes de blé, la spiruline, le tahini (purée de sésame), etc.

Exemple d'alimentation planifiée pour un bébé de 6 mois à 1 an (portions à donner chaque jour en 3 repas)[4]

ALIMENTS	PORTIONS
Pain complet (sous forme de biscottes ou équivalents) : à pulvériser et imbiber d'un lait végétal	1 tranche et demie
Céréales (bien cuites et réduites en bouillie) : boulgour, blé, riz, millet, orge, flocons d'avoine, de blé, de maïs, pâtes, müesli	1-3 cuillerées à soupe
Fruits : avocat, pomme, pêche, banane, poire, abricot, raisin, baies diverses (vers 1 an) Fruits séchés réduits en purée : pêche, abricot, raisin, figue	6-18 cuillerées à soupe

4. Source : D. Truesdell et P. Acosta, « *Feeding the Vegan Infant and Child* », *in Journal of the American Dietetic Association*, 85 (7), 1985. Ce type de régime a été considéré comme suffisamment sérieux pour être repris en particulier par le Dr Michael Klaper dans *Pregnancy, Children and the Vegan Diet* en 1987, et par Danièle Starenkyj dans *Le Bébé et sa nutrition*, en 1987 également.

ALIMENTS	PORTIONS
Aliments protidiques (cuits et tamisés) : noix et beurre de noix (amande, cajou, pignon, noix, pécan, pistache), beurre de cacahuète, légumineuses (soja, cacahuète, haricots variés, pois cassés), lentilles, graines (citrouille, sésame, tournesol), miso, tofu	2-12 cuillerées à soupe
Légumes jaunes ou verts : carotte, poivron vert, brocoli, épinard, chou frisé	2 cuillerées à soupe
Autres légumes (cuits et réduits en purée) : graines germées (haricots mungo, soja, alfalfa), pomme de terre et patate douce, tomate (vers 1 an), laitue, chou, maïs, céleri, haricots verts, oignon, concombre, blette, chou-fleur	4 cuillerées à soupe
Lait de soja (lait de suite adapté)	750 ml

Les boissons végétales pour les bébés

On peut avoir besoin de donner à Bébé un autre lait que le lait maternel. C'est votre pédiatre qui vous conseillera la boisson la plus adaptée. Les boissons végétales peuvent être données comme n'importe quel autre aliment de la diversification de Bébé à partir du sixième mois. Optez pour des boissons végétales en poudre à haute valeur nutritionnelle comme la boisson végétale à l'amande de La Mandorle, De Bardo ou PrémiAmande.

J'ai une petite préférence pour la boisson végétale à la châtaigne, à ajouter à la boisson végétale à l'amande, pour obtenir finalement une boisson contenant tous les apports essentiels pour Bébé.

Vous pouvez aussi faire votre lait végétal « maison », mais n'achetez pas les boissons végétales liquides du commerce qui ne sont pas assez concentrées en bienfaits et très souvent trop riches en eau.

À SAVOIR

- Il ne s'agit pas de « vrai lait » animal, mais d'une boisson végétale issue de plantes oléagineuses ou de céréales germées.

- Amande : boisson riche en calcium quand elle est enrichie en algue, en manganèse et en fer. Elle est utilisable dès la naissance pour les bébés aux troubles digestifs et aux problèmes cutanés. Elle contient des vitamines A, B, C et E.

- Châtaigne : très bonne digestibilité et excellent reminéralisant. Pour les bébés souffrant de reflux gastrique. Cette boisson contient des vitamines B1, C et du magnésium.

- Noisette : pour les enfants eczémateux, irritables et nerveux, à partir de 12 mois. Grande source de vitamine E et plus riche en glucides que l'amande.

- Riz : très digeste mais pauvre en protéines. Cette boisson peut aussi être utilisée en période de diarrhée. Elle peut par ailleurs être incorporée à de la purée d'amandes, de sésame ou de la poudre d'amande.

- Soja : son utilisation n'est pas recommandée à cause des apports en œstrogènes trop importants et du risque d'allergie croisée.

Les boissons végétales sont intéressantes à mettre dans le biberon de Bébé, ou à intégrer dans des recettes, quand on commence à diversifier son alimentation.

LES USTENSILES INDISPENSABLES POUR UNE ALIMENTATION ZÉRO DÉCHET !

Pour que votre enfant apprenne simplement le zéro déchet dès le berceau (ou presque), il suffit de l'impliquer dès le plus jeune âge dans le « fait maison » et de l'inciter à partager avec vous la cuisine en utilisant quelques ustensiles indispensables et totalement zéro déchet, même quand on goûte à l'extérieur ou que l'on part en pique-nique.

RÉFLEXES MONTESSORIENS

Enseignez à votre bambin à « faire seul » selon la philosophie de la pédagogie Montessori avec une cuisine adaptée à ses petites mains. Il vous faut une petite table à sa hauteur ou une tour d'observation Montessori et des ustensiles adaptés aux petits. Cela permet de partager un bon moment, car les enfants aiment par-dessus tout imiter l'adulte et apprendre.

Pour le goûter, mettez dans son petit sac à dos une gourde recyclable en inox, qui est durable et ne contient pas les composants toxiques du plastique, ainsi qu'un petit sac en tissu ou une petite boîte « lunch-box » pour y mettre des biscuits et gâteaux maison, sans oublier la paille, qui peut être en bambou ou en inox.

Pour le pique-nique, optez pour des assiettes biodégradables en fibre de canne à sucre et pour des couverts en bois de peuplier ou en bambou, des gourdes réutilisables pour les compotes, etc. Dans tous les cas, passez à l'emballage alimentaire sans BPA et réutilisable à volonté – mais attention, même le plastique sans BPA est fabriqué avec de la chimie !

Biodégradable, recyclable et réutilisable, voici des solutions faciles pour que ces trois mots deviennent votre réalité quotidienne.

Le biberon en inox

Il y a des années, je suis passée à l'inox dans ma cuisine et ça commence dès le biberon de Bébé… même si votre bébé n'en prend pas !

SHOPPING 100 % BÉBÉ ZÉRO DÉCHET

Sur le site www.sans-bpa.com, vous trouverez des biberons en inox des marques Organic Kidz, Klean Kanteen, Kid Basix. Ils sont très écologiques, sains, incassables, recyclables, multiusages et en plus très beaux !

Le biberon Organic Kidz en 270 ml est isotherme. Selon moi, c'est LE produit idéal pour la future maman. Qu'elle souhaite allaiter ou pas, elle peut toujours s'offrir ce biberon dès sa grossesse, car ce n'est pas qu'un simple biberon isotherme.

En effet, son allure et son design en font aussi une adorable petite bouteille d'appoint que l'on se régale de transporter facilement avec soi, fourrée facilement dans son sac. De bonne contenance et isotherme, il peut donc également contenir une infusion chaude ou une boisson fraîche selon la saison ou les envies.

Pour les mamans allaitantes, c'est par ailleurs rassurant de savoir que cette jolie bouteille pourra éventuellement servir si elles doivent confier leur bébé à Mamie ou Papi, qui pourront lui donner un petit bib de lait en cas d'urgence !

Tout emballer à la cire d'abeille !

Soyez *bee's wraps* ! Les emballages réutilisables à la cire d'abeille (ou *bee's wraps*) de la marque L'abeille qui emballe sont une alternative écologique au film alimentaire plastique (cellophane) et au papier d'aluminium. Ils permettent de conserver les aliments tout en respectant notre santé et celle de notre planète.

À quoi ça sert ?

Les *bee's wraps* permettent de couvrir les plats, d'emballer les aliments (légumes, fruits, gâteaux, fromages, etc.) et de transporter un pique-nique. De plus, vous pouvez trouver chez L'abeille qui emballe l'exclusivité du pack « Pot de yaourt » qui contient 12 emballages pour couvrir vos yaourts maison. Et tout cela sans déchet, puisque les emballages en cire d'abeille sont lavables. En bonus, les tissus sont colorés avec de très jolis motifs !

Comment ça marche ?

La chaleur de vos mains ramollit la cire dont est imbibé le tissu, qui peut alors adhérer à lui-même ou au plat que vous voulez couvrir. En refroidissant, il garde sa forme. Une fois utilisé, il suffit de le laver à l'eau froide, et c'est reparti pour un tour.

Visitez www.labeillequiemballe.fr pour découvrir l'entreprise de Guillaume Willm, le créateur, et voir en images les différentes utilisations de ces emballages.

Lors de l'écriture de mon livre, nous avons longuement discuté avec Guillaume. Son parcours pour lancer son activité d'emballage écologique et zéro déchet est inspirant pour chacun d'entre nous. À nous de mettre en application le zéro déchet en partant de ce qui nous touche le plus pour la préservation de la planète.

Témoignage de Guillaume

« Je suis surfeur, préoccupé depuis toujours par l'impact négatif du plastique sur l'environnement.

« La consommation mondialisée des emballages à usage unique a des impacts sur notre planète que l'on ne voit pas forcément depuis notre quotidien. Pourtant, au cours de mes voyages, j'ai

découvert des eaux où les ordures sont plus nombreuses que les poissons et des plages recouvertes de débris, et ce, même dans des régions isolées du monde.

« Un changement de consommation est nécessaire, nous devons nous initier au "zéro déchet" (je préfère cependant parler de "minimisation des déchets") car on assiste à des transformations irrévocables sur Terre : présence de microplastique dans la chaîne alimentaire, faune marine malade et disparition de nombreuses espèces à cause de filets fantômes, sel de mer contaminé, création "naturelle" d'un septième continent constitué de plastique (on parle même de plusieurs continents de plastique dorénavant…).

« Ce scénario est difficile à accepter, mais un changement mondial est tout à fait possible si une conscience collective se met en place et que chacun, à son échelle, tente de réduire sa consommation de produits à usage unique et d'acheter de manière plus responsable (consommer local, sans emballage, tendre vers le zéro déchet, avoir une attitude "antigaspi", si achat de produits de la mer alors choisir la pêche la plus responsable possible, réutiliser, etc.).

« Chaque petite action (adopter une attitude zéro déchet comme ramasser des déchets dans la nature et ailleurs, éviter d'acheter des bouteilles d'eau, consommer local et en vrac, privilégier les circuits courts, recycler, etc.) compte ! »

OPÉRATION MER PROPRE

Depuis mai 2020, Guillaume Willm fait partie de l'association Opération Mer propre, dont il partage les valeurs et avec qui il fait du nettoyage en apnée. Basée à Antibes, cette équipe sort des tonnes de déchets en tous genres de la Méditerranée. Pour citer les tristes pêches les plus

→

récurrentes : des centaines de pneus, des milliers de balles de golf, des briquets, des bouteilles et canettes, des mégots. Pour l'anecdote, ils ont déjà trouvé deux revolvers, un coffre-fort, des filets fantômes et plusieurs moteurs de bateau.

Les emballages de Guillaume sont fabriqués dans le sud de la France de manière artisanale à partir de :

- cire d'abeille d'opercule locale (achetée en vrac chez un apiculteur local) ;
- coton certifié écologique par le label Oeko-Tex® Standard 100 ;
- résine de pin bio des Landes,
- huile de jojoba.

Et c'est tout ! La simplicité pour une attitude antigaspi et zéro déchet !

Chaque ingrédient joue un rôle crucial dans la conservation des aliments et les propriétés physiques de l'emballage :

- la cire d'abeille d'opercule (la plus pure de la ruche) permet de fermer les emballages en cire d'abeille par adhérence et en se rigidifiant quand elle se refroidit. Elle est antibactérienne, imperméable et permet de garder les aliments à l'abri dans un environnement bien fermé ;

- le coton respire et laisse passer l'air afin de mieux préserver la nourriture ;

- la résine de pin (bio et française) a des propriétés antibactériennes et antifongiques. C'est aussi elle qui permet au tissu d'adhérer aux plats ;

- l'huile de jojoba est antibactérienne, antifongique et insecticide. Elle rallonge la durée de vie du *wrap* en le gardant plus malléable à froid.

LES PETITS CONSEILS DE GUILLAUME

N'oubliez pas de laver les emballages à l'eau froide et au liquide vaisselle écologique pour les conserver un an au moins et éviter que la cire ne fonde !

Après un an ou deux d'utilisation, pour redonner du peps à votre wrap, vous pouvez en refaire l'enduit, en l'étalant de façon homogène à l'aide de votre fer à repasser. Attention ! Veillez à glisser l'emballage entre deux feuilles de papier sulfurisé afin de protéger votre fer à repasser (vous pouvez conserver les feuilles pour une manipulation ultérieure et éviter ainsi des déchets inutiles). Réglez votre fer sur le mode coton (100 °C) et passez-le sur la feuille sulfurisée posée sur le wrap. Puis, sortez rapidement le wrap du papier sulfurisé, tenez-le avec vos doigts par deux coins pendant 45 secondes environ, et le tour est joué !

Une vie sans aucun plastique

Katia, la créatrice du site www.sans-bpa.com, est impliquée depuis de nombreuses années dans la réduction des déchets dans toute la maison, en commençant par l'alimentation zéro déchet, n'utilisant que des ustensiles sans BPA et sans aucun plastique. Vous allez redécouvrir le verre mais aussi l'inox dès le biberon !

Sans-bpa.com encourage à réduire sa consommation de plastique et propose une large gamme de produits sains, durables et réutilisables : « Bientôt 10 ans que nous semons de bonnes graines pour changer les habitudes plastiques. Avec de beaux petits produits bien choisis. »

SHOPPING 100 % SANS BPA

- **Boîte en inox avec compartiments en 320 ml de contenance :** parmi les multitudes de boîtes sur le site, j'ai pensé à celle-là car son format permet de l'utiliser autant pour la maman enceinte que pour Bébé ! Pour ses repas et ses en-cas, pour ses fringales à tout moment. Mais aussi pour des petits accessoires du bébé que l'on souhaite protéger/préserver (tétines, médicaments, pipettes). Et, bien entendu, elle sert aussi de boîte à goûter une fois l'heure de l'école arrivée !

- **Verres en inox :** également très pratiques pour la maman qui ne veut plus consommer de gobelets jetables ou pour les repas improvisés sur l'herbe. Ils peuvent aussi servir de verre à dents, sans crainte qu'ils se cassent dans l'évier. Et ce verre évoluera aussi avec l'arrivée de Bébé, qui l'utilisera à la maison, à l'école ou chez la nounou et dans la salle de bains…

- **Pochettes en tissu réutilisables, dans de nombreuses tailles** : je les trouve géniales tant pour les enfants que pour les mamans ! Pour les bébés, on y met tout : cosmétiques, lingettes, coton, gants, médicaments, etc. Pour les enfants, c'est parfait pour certains types de goûters (fruits, chips, etc.) quand ils sont plus grands. Pour nous, mamans, ça permet de protéger son téléphone ou d'autres petits objets dans le sac à main. À la plage, ce qui est à l'intérieur ne sera pas trempé par un maillot de bain. On peut tout y fourrer !

- **Pochette à « snack » :** c'est une pochette en tissu souple réutilisable (en coton biologique et intérieur en nylon imperméable avec fermeture à scratch en 18 × 16 cm). C'est toujours intéressant de savoir que l'on peut envelopper son sandwich dans un emballage réutilisable, sain et résistant, évitant ainsi l'usage de papier d'aluminium ou de plastique de composition inconnue. Il existe aussi des pochettes en tissu, mais elles ont l'inconvénient de garder le goût de la lessive.

- **Boîtes en inox avec couvercle souple en silicone** (donc faciles à ouvrir par des petites menottes), pratiques pour les purées, compotes ou goûters à emporter.

- **Timbales en inox** 75 ml et 180 ml bien adaptées aux petits.

- **Assiettes à compartiments :** je suis fan de celles de Dindin, mais aussi des assiettes petit format à bord.

- **Bouteilles en inox** isothermes et simple paroi (de 350 ml à 1 l).

On se lance dans le batch cooking… en famille !

« Batcher » : faire en lot, regrouper le fait de cuisiner. On prépare les repas de la semaine en avance en regroupant leur préparation en une seule fois, ou presque, et on évite le gaspillage !

Il suffit de passer une partie de son dimanche (2 à 3 heures) à planifier les menus de la semaine pour toute la famille et de stocker les ingrédients dans des bocaux en verre ou des boîtes hermétiques, au frigo ou encore au congélateur. Cela peut paraître contraignant, mais en réalité, c'est une façon de gagner du temps de qualité en famille, entre parents et enfants, tout en faisant des économies, en consommant des produits sains et équilibrés, bio et de saison et zéro déchet sans y penser !

En plus, c'est amusant pour les enfants, petits et grands, qui vont s'impliquer et même poster pour partager sur leurs réseaux sociaux les photos de votre cuisine en famille avec les hashtags comme #mealprep, #batchcooking, #cookinginfamily, #cookingfortheweek, etc.

Il n'y a plus de gâchis et c'est la suite naturelle de la DME : toute la famille prend ses repas ensemble, il n'y a plus de gaspillage et, cerise sur le gâteau, cela devient un bon prétexte pour cuisiner en famille… Un vrai moment zéro déchet de Slow parentalité® !

BÉBÉ ZÉRO, BÉBÉ SLOW

L'alimentation naturelle en famille vue par Mike, un papa qui cuisine pour sa tribu !

J'ai rencontré Mike en 2014, quand je travaillais pour le site de puériculture naturelle Brindilles, un site qui n'existe plus, mais nous avions un beau réseau de mamans maternantes et de papas paternants et nous réfléchissions beaucoup à notre impact sur le monde et au monde que nous voulions laisser à nos enfants. Je partage avec vous son témoignage, que j'avais recueilli pour le blog du site et que j'aime particulièrement.

Être un père paternant, c'est aimer, bercer, porter, langer, jouer, mais aussi nourrir ses enfants : pourquoi ton rôle de père nourricier est-il important pour toi ? C'est important aussi, dans le partage des tâches avec la maman ?

« Pas de nourriture = pas de vie. C'est essentiel d'être en lien avec la nourriture, les aliments, et d'être lié à la terre. Pas de mysticisme dans tout ça. C'est concret. Et tellement plus important que d'avoir une télévision ou une voiture. Quand j'y réfléchis, on peut évidemment faire sans télé et sans voiture. Question de changement d'habitudes, ou de changement d'éducation. Cindy et moi, nous aimons tous les deux cuisiner, la cuisine est une pièce importante chez nous. »

Quels sont les aliments de base dont tu ne pourrais pas te passer, les saveurs originales que tu aimes cuisiner pour ta famille ?

→

« Les fruits, les légumes, les céréales, les légumineuses… J'adore spécialement les tomates ananas et le basilic. Certaines variétés de basilic sont folles dans l'assiette et en bouche : le basilic bleu, le basilic cannelle, le petit citronné… Miam miam ! Attendons l'été pour les retrouver dans les assiettes ! J'aime bien aussi parsemer les plats d'épices et de fleurs comestibles. La bourrache par exemple, petite fleur bleu vif en forme d'étoile, a un goût unique entre huître et concombre. J'aime aussi le gomasio aux algues, que ce génial Jean Hervé propose. Pourtant le gomasio peut être tensio-actif : j'aime quand même, et nous n'en mettons pas à tous les repas ! Et le meilleur pour la fin : les cookies. J'ai appris à fabriquer les cookies avec une ancienne élève d'Alain Ducasse qui a une recette secrète. Depuis, j'enrichis mon apprentissage avec des saveurs que l'on ne trouve qu'en bio… Un délice selon mes proches. »

Qu'est-ce qui est le plus important dans le fait de manger bio, sain et savoureux en famille ?

« La qualité de vie, la santé, le respect du vivant, la gourmandise et le plaisir à table. Et pour pas cher aussi. En prévoyant des menus bio à l'avance, on peut penser au coût modéré de chaque repas et à l'équilibre nutritionnel global, tout comme je pense au potentiel alcalinisant des repas, pour gagner en sérénité digestive et énergétique. Au final, les repas bio pas chers pour une famille, c'est possible. Et avec des légumes et des fruits de saison aussi. J'entends tout le temps des critiques non constructives. Je dis "stop" et je propose de réfléchir plutôt que de râler. On peut facilement enrichir les repas, même avec des légumes de garde en plein hiver. S'inspirer des recettes proposées par la belle Cléa et par la pétillante Valérie Cupillard, ça apporte de la joie dans les assiettes. Les formes des repas peuvent varier à l'infini, avec un peu d'imagination. Un sauté pommes de terre/carottes/topinambours/amandes au coin du feu de cheminée, ou une omelette aux poireaux/ail/oignons/gingembre accompagnée de millet humide. En dessert ? De l'orge perlé au lait de coco, sucre noir, vanille Bourbon et fleur d'oranger : un délice. »

Les astuces pour être à la fois un citoyen socialement et écologiquement responsable et un « papa cuisinier » de toute une tribu ?

« L'organisation. Avec une tribu de six personnes, dont quatre lutins qui grandissent vite, je crois que c'est la clé. »

CHAPITRE 5 L'ENVIRONNEMENT D'UN BÉBÉ ZÉRO DÉCHET

Quand on pense à l'environnement d'un bébé, on pense tout de suite à sa chambre. Mais avoir un bébé zéro déchet, c'est aussi le placer dans un environnement sain dans toute la maison, en lui apportant les clés du respect de l'environnement dès le berceau !

Avoir un bébé zéro déchet, c'est respecter l'écosystème dans son ensemble et améliorer avec conscience le mode de vie de toute la famille (et c'est l'essence de ce livre !) : oublier le plastique, manger bio et de saison, passer au lavable dans toute la maison (salle de bains verte, produits ménagers faits maison, etc.). L'idée est de réduire son impact environnemental par tous les moyens, et cela commence par un cadre de vie sain.

La chambre de votre bébé doit être bio, écolo, saine et zéro déchet, et quand vous préparerez la chambre de Bébé, vous y ferez naturellement attention. Mais le reste de la maison ne doit pas être oublié : vous deviendrez vite adepte du ménage avec des produits faits maison grâce à des ingrédients naturels essentiels.

Petit tour des gestes écolo à avoir pour pouponner écolo pour le bien de Bébé, des parents et de la planète tout simplement : une chambre saine, minimaliste, feng shui et Montessori, un air ambiant assaini avec des huiles essentielles, un ménage fait avec des produits naturels, l'utilisation de noix de l'arbre à savon, une baignoire Shantala, des vêtements seconde main pour Bébé… Sans oublier de lui montrer l'exemple au quotidien avec l'éducation selon Montessori, laquelle place l'enfant dans un monde qui respecte son rythme, sa personnalité et la planète.

C'est toute une maison saine qu'il faut composer, alors apprenez à débusquer les polluants là où ils se cachent.

UNE CHAMBRE SAINE

Voici des clés pour que Bébé évolue dans l'environnement immédiat le plus sain possible et, mieux encore, feng shui !

Les 10 réflexes indispensables

❶ On nettoie la chambre de Bébé (et si possible toutes les autres pièces de la maison) avec des produits de ménage totalement naturels : vinaigre blanc, bicarbonate de soude, citron, etc., et en privilégiant les produits ménagers faits maison.

❷ On aère pendant quelques minutes trois fois par jour avec les fenêtres bien ouvertes et pas seulement entrebâillées, il faut renouveler l'air.

❸ On opte pour un matelas en latex naturel et coco bio, ou encore en coton bio ou en bambou.

❹ On met une protection en matière naturelle pour le matelas de Bébé et on choisit des draps en coton bio.

❺ On meuble la chambre de Bébé en bois naturel.

❻ On achète des jouets en bois et des peluches en coton bio.

❼ On ne laisse pas d'appareils électriques dans la chambre de Bébé : pas d'écoute-bébé qui ne sert à rien.

❽ Pour décorer la chambre de Bébé, on choisit des peintures écologiques à base d'algues ou à l'eau.

❾ Pour le sol, on utilise un parquet non traité en bois massif, du véritable linoléum ou une moquette en laine naturelle. On évite le parquet flottant qui contient du formaldéhyde et le sol en PVC qui contient des phtalates.

❿ Toujours garder à l'esprit que les bébés sont plus exposés aux résidus chimiques car ils sont près des sols et des moquettes.

Témoignage de la créatrice des Draps de Monique

« Après une carrière dans la grande distribution, j'ai eu envie de me lancer dans la grande aventure de l'entreprenariat individuel ; du trop grand commercial, je passe au petit artisanal avec la fabrication et la vente de draps-housses en coton bio pour le lit de votre bébé. »

SHOPPING 100 % BÉBÉ ZÉRO DÉCHET

Les draps des Draps de Monique sont fabriqués en dimensions standard ou à votre demande sur mesure. Un choix de tissus en coton bio est à votre disposition. N'hésitez pas à contacter la créatrice : contact@lesdrapsdemonique.fr

Témoignage d'Helen

« Préparer la chambre de Bébé, surtout pour le premier, c'est comme un rituel qui permet de matérialiser l'arrivée de ce petit être encore caché à nos yeux. Cependant, cela peut revenir très cher. Or ce petit bout, il a besoin de quoi concrètement, à part de la présence de sa mère ? J'ai personnellement gardé mes deux enfants avec moi soit dans le lit en cododo, soit dans un berceau/couffin juste à côté. Finalement, j'ai réalisé qu'on n'avait pas besoin de grand-chose. Le couffin, je trouvais ça très pratique car ça me permettait de les poser dans un endroit sûr quand ils dormaient, n'importe où dans la maison. Les bébés grandissent dans le ventre de leur mère pendant neuf mois : après l'accouchement, ils ont surtout besoin de rester en contact et de ne pas être mis à l'écart dans un lieu sans plus aucune sensation physique, sonore… Surtout, prenez votre temps pour faire la chambre de Bébé, en vous y prenant à l'avance si possible. Et n'oubliez pas de bien aérer avant que Bébé arrive pour enlever totalement cette odeur de neuf, synonyme de COV (composés organiques volatiles), qui sont très nocifs pour ces petits êtres en pleine construction. »

**UNE CHAMBRE FENG SHUI
POUR UN BÉBÉ ZÉRO DÉCHET**

- Une chambre claire et orientée à l'est ou au nord.
- Un emplacement loin de l'entrée de la maison.
- Des meubles en bois naturel aux formes arrondies.
- Un lit positionné d'une manière à voir qui arrive dans la chambre.
- Des éclairages indirects et doux comme une lampe à sel, par exemple.
- Pas de mobile au-dessus de la tête de Bébé.
- Des couleurs douces et pastel au mur.

MÉNAGE ÉCOLOGIQUE, MODE D'EMPLOI

Rien de mieux que des ingrédients naturels aux propriétés purifiantes, dégraissantes, détachantes et désodorisantes pour fabriquer des nettoyants écoresponsables sans pétrochimie pour le bien de notre santé et de la planète.

Au programme, les produits de nos grands-mères les plus sains qui soient : des pièces propres et saines grâce au *Do It Yourself* (DIY) pour les produits ménagers, sans oublier des recettes pour assainir l'air ambiant ou encore apprendre à utiliser des noix de lavage…

L'air ambiant à la maison

La tendance actuelle au « tout naturel » place – à juste titre ! – les plantes sur le devant de la scène. La nature nous offre d'incroyables ressources, il suffit d'apprendre à s'en servir. Et pour assainir l'air ambiant de votre intérieur, les huiles essentielles peuvent être une alternative aux produits d'entretien classiques.

Déborah Godard, biologiste spécialisée dans la valorisation des ressources naturelles végétales, nous donne les clés pour assainir l'air ambiant sans se tromper dans le choix des huiles essentielles à utiliser dans la maison, et des recettes adaptées à tous nos besoins : respiratoire, relaxant et même antiallergique !

NE PAS OUBLIER

L'utilisation des huiles essentielles, même en diffusion, est à proscrire pour les femmes enceintes ou allaitantes, ainsi qu'en présence d'un bébé ou d'un enfant de moins de 6 ans.

Interview de Déborah Godard

Pourquoi assainir l'air ambiant ?

Toute présence humaine ou animale entraîne une pollution de l'air que l'on respire avec une augmentation du gaz carbonique et de l'humidité. Les feux que vous faites pour vous réchauffer au coin de la cheminée ou tout produit conventionnel que vous utilisez au quotidien et qui libère des résidus chimiques sont également source de pollution. De plus, au cours de la période hivernale, des agents infectieux comme les virus ou les bactéries font de votre intérieur leur résidence principale. Les champignons à l'origine des moisissures peuvent également prendre racine et provoquer des irritations des muqueuses de l'organisme, car ils dégagent des composés toxiques lors de leur développement et libèrent des spores qui peuvent être allergènes. D'autres allergènes, par exemple les acariens, sont aussi une bonne raison de désinfecter l'air. Vous l'aurez compris, il est donc indispensable d'assainir l'air de votre intérieur !

Comment assainir l'air ambiant ?
En complément d'une aération quotidienne de minimum 10 minutes, permettant le renouvellement de l'oxygène disponible, les huiles essentielles sont des partenaires de choix pour assainir l'air en se débarrassant des agents infectieux. Celles-ci peuvent être utilisées en diffusion, de préférence à l'aide d'un diffuseur électrique pour éviter l'altération du produit.

Quelles huiles essentielles utiliser ?
Les huiles essentielles appropriées sont celles composées de molécules ayant une action d'antiseptique aérien. Il est conseillé de les choisir de qualité biologique, car ce label garantit une huile 100 % naturelle, non diluée et sans ajout de composés issus de la synthèse chimique.

SHOPPING 100 % ESSENTIEL

- **Citron (*Citrus limonum*, zeste) :** l'huile essentielle de citron permet de purifier l'air tout en laissant une odeur fraîche et agréable d'agrume. Elle contribue également à stimuler les défenses immunitaires de l'organisme.
  Attention, cette huile est déconseillée les 3 premiers mois de grossesse.

- **Eucalyptus radié (*Eucalyptus radiata*, feuilles) :** l'huile essentielle d'eucalyptus radié est à la fois antibactérienne et antivirale. Elle vous permettra de venir à bout de l'ensemble des microbes présents dans votre intérieur. Elle aide également à décongestionner les voies respiratoires, ce qui la rend idéale en période hivernale.
  Attention, cette huile est déconseillée les 3 premiers mois de grossesse.

→

- **Genévrier commun (*Juniperus communis var. communis*, rameaux) :** l'huile essentielle de genévrier commun est un antiseptique aérien qui permet de lutter efficacement contre les microbes et les allergènes.
Attention, cette huile est déconseillée pendant la grossesse.

- **Orange douce (*Citrus sinensis*, zeste) :** l'huile essentielle d'orange douce a, en plus de ses qualités d'antiseptique aérien, des propriétés relaxantes.
Attention, cette huile est déconseillée les 4 premiers mois de grossesse.

- **Pin sylvestre (*Pinus sylvestris*, aiguilles) :** l'huile essentielle de pin assainit l'air ambiant et aide à dégager et à purifier les voies respiratoires. Elle permet également de combattre les allergènes de votre intérieur. C'est donc l'huile essentielle indispensable pour passer l'hiver en bonne santé et dans un environnement sain.
Attention, cette huile est déconseillée pendant la grossesse.

Interview (suite)

Comment fabriquer ses mélanges assainissants pour la diffusion ?

• Mélange assainissant/respiratoire :
– 30 gouttes d'HE de pin sylvestre
– 30 gouttes d'HE d'eucalyptus radié
– 40 gouttes d'HE de citron

• Mélange purifiant/relaxant :
– 30 gouttes d'HE de genévrier
– 30 gouttes d'HE d'eucalyptus radié
– 40 gouttes d'HE d'orange douce

• *Mélange antiallergique :*
– 30 gouttes d'HE de genévrier
– 30 gouttes d'HE de pin sylvestre
– 20 gouttes d'HE d'orange douce
– 20 gouttes d'HE de citron

L'utilisation d'un contenant ambré pour réaliser vos mélanges permet une meilleure conservation, car les huiles essentielles s'altèrent à la lumière.

La diffusion pour une action assainissante ne doit pas dépasser 15 minutes, car au-delà, vous risquez de saturer l'air et, à défaut d'avoir un air pur, vous allez vous retrouver avec des molécules qui peuvent devenir toxiques pour l'organisme et provoquer des allergies.

En effet, tout est question de dose, comme pour les médicaments : à une certaine dose, son action est bénéfique ; si l'on dépasse la dose recommandée, celui-ci peut avoir des effets néfastes sur l'organisme. Pour les huiles essentielles, le principe est le même !

POUR ALLER PLUS LOIN

Le projet Nesting, lancé par Women in Europe for a Common Future (WECF) en 2007, a pour but d'aider les parents à créer un environnement sain pour leur enfant. Il se décline principalement sous la forme d'une plate-forme internet (www.projetnesting.fr – régulièrement mise à jour, avec différentes rubriques comme « Vos questions », « News », etc.) et d'ateliers de sensibilisation et d'information pour les jeunes parents. En France, les parents peuvent s'inscrire en ligne à des ateliers.

→

WECF est un réseau d'une centaine d'organisations environnementales et féminines présentes dans 40 pays d'Europe, du Caucase et d'Asie centrale, qui met en œuvre des projets à l'échelle locale et plaide au niveau international pour garantir à tous un environnement sain. WECF a été créé en 1992 à la suite du Sommet pour la Terre de Rio.

Antenne en France : WECF France, 1 place de l'Église-Saint-André – 74100 Annemasse – 04 50 49 97 38

Le *Do It Yourself* (DIY) pour les produits ménagers

Galipoli est une entreprise qui participe au monde de demain en nous proposant de fabriquer nos produits d'entretien. Séverine Jérigné, créatrice de Galipoli Fabrique, a décidé de dépoussiérer le monde des produits d'entretien en créant une marque pour vous donner tous les ingrédients et les conseils pour des produits nettoyants ménagers faits maison 100 % naturels, économiques, écologiques et qui contribuent à la réduction des déchets plastiques. *Exit* les produits de ménage toxiques !

SHOPPING 100 % BÉBÉ ZÉRO DÉCHET

Visitez le site www.galipoli.fr et découvrez les kits DIY prêts à l'emploi comme la Galibox (12 recettes avec 7 ingrédients), des flacons « Recette » gradués et tous les ingrédients naturels à avoir chez soi pour faire selon vos besoins du liquide de rinçage, du savon liquide, une recette anticalcaire pour la salle de bains, de la lessive naturelle, un produit lave-vitres, etc.

LES INGRÉDIENTS DE BASE À AVOIR

- **Bicarbonate de soude :** l'un des incontournables du DIY, il est assainissant, détachant, désodorisant, etc.

- **Vinaigre blanc :** détartre, fait briller, nettoie.

- **Cristaux de soude :** pour leurs propriétés blanchissantes et dégraissantes.

- **Savon noir :** il permet de tout nettoyer dans la maison, un produit tout en un !

- **Savon de Marseille** (le vrai, le traditionnel en format cube, cuit au chaudron et de qualité « extrapure » avec 72 % d'huiles végétales) **:** on ne le présente plus, c'est un super-détachant et un nettoyant naturel.

- **Percarbonate de soude :** propriétés dégraissantes, nettoyantes, blanchissantes, désinfectantes, etc.

→

- **Mousse d'alcool :** un produit que je ne connaissais pas et que j'ai découvert chez Galipoli. C'est un tensioactif doux obtenu à partir d'alcools gras issus des huiles de coco et du glucose issu du maïs ; il permet d'augmenter le pouvoir dégraissant des produits ménagers. Un indispensable pour la fabrication maison des produits nettoyants !

- **Huiles essentielles :** de citron pour ses vertus désinfectantes, antiseptiques et désodorisantes, de tea tree pour ses vertus antibactériennes et antivirales.

LA RECETTE GALIPOLI DU PRODUIT POUR NETTOYER LE SOL

5 minutes – 0,50 euro le litre – Facile

Ingrédients pour 1 l de produit :
- 2 cuillerées à soupe de bicarbonate de soude
- 2 cuillerées à soupe d'acide citrique
- 500 ml d'eau tiède
- 50 ml de mousse d'alcool
- 15 gouttes d'huile essentielle de votre choix

Préparation :

✂ Dans un flacon-spray, versez le bicarbonate de soude et l'acide citrique.

✂ Ajoutez l'eau tiède en faisant attention à la réaction effervescente. Pour cela, versez l'eau doucement et ajustez le niveau après réaction.

- Ajoutez la mousse d'alcool après dissolution complète des poudres et l'arrêt de la réaction effervescente.
- Versez l'huile essentielle.
- Vissez le spray. C'est prêt !

SHOPPING 100 % BÉBÉ ZÉRO DÉCHET

Si vous souhaitez toutefois acheter vos produits ménagers dans le commerce, oubliez la javel et les produits à base de chlore en général, et préférez des nettoyants écologiques multiusages. Pour les labels, optez pour les produits NF Environnement, Ecolabel Européen ou Nature et Progrès.

Les noix de lavage

Et si vous utilisiez la saponine totalement naturelle et hypoallergénique contenue dans des coquilles de noix pour laver votre linge ?

Bien sûr, il faut alors utiliser des noix de savon de l'arbre à savon appelé *Sapindus*.

Les noix sont séchées puis décortiquées ; on enlève le noyau puisque c'est la coque qui va libérer la saponine, le savon-détergent qui nettoie et assainit au contact de l'eau. Les noix de lavage sont très savonneuses, sans pour autant faire trop de mousse.

Avec les noix de lavage, vous avez une lessive totalement naturelle à laquelle rien n'est ajouté, ce qui en fait la lessive la plus écologique possible car totalement biodégradable.

MODE D'EMPLOI

- Mettez entre 4 à 6 demi-noix dans un petit sac en coton que vous placerez dans le tambour de la machine à laver, directement au contact du linge.
- Comme les noix de lavage ne sont pas naturellement parfumées, vous pouvez ajouter quelques gouttes d'huile essentielle de lavande, de tea tree ou encore d'orange douce. À choisir selon vos envies.
- Le petit sachet bien fermé vous permettra de faire trois lavages à 30 °C, deux lavages à 40 °C ou un seul à 60 °C.
- En cas de linge très sale, vous pouvez ajouter, en plus, un détachant non toxique : le percarbonate de soude.

LA TOILETTE DE BÉBÉ EN VERSION ÉCOLO

Un bébé n'est pas sale et n'a pas besoin de prendre un bain tous les jours. Au contraire, cela préserve sa peau délicate, et la planète. Il suffit de bien nettoyer son siège à chaque change, de lui nettoyer le visage, les yeux et les oreilles tous les jours en lui faisant une petite toilette de chat. Le bain doit rester un moment de détente et être donné avec attention. Quand vous êtes fatigué ou Bébé grognon, reportez le bain au lendemain.

Le bain physiologique

Comme le massage qui permet à Bébé de retrouver les sensations de l'espace utérin qu'il ressentait pendant la grossesse, le bain physiologique qu'on va lui donner dans une « baignoire-seau » va le rassurer… presque comme dans le ventre de Maman !

Le bain physiologique de Bébé doit lui permettre de retrouver ces sensations, de reproduire le sentiment de sécurité et l'environnement qu'il connaissait avant sa naissance. Il va se mettre dans la position rassurante qu'il avait dans le ventre de sa maman.

Il y a de nombreux avantages à donner ce type de bain à Bébé et à oublier notre traditionnelle baignoire de bébé : relaxation, calme, réconfort, soulagement des coliques, une meilleure préparation au sommeil, mais surtout un renforcement des liens parents-bébé. Cela permet également d'utiliser très peu d'eau, et c'est donc aussi bon pour notre planète.

PETITS CONSEILS EN PLUS

N'oubliez pas de bien chauffer la salle de bains, et rappelez-vous aussi qu'un bébé n'est pas sale et n'a pas besoin d'être lavé tous les jours. Un bain tous les deux ou trois jours est tout à fait suffisant, à condition de bien le nettoyer après chaque change avec du liniment oléocalcaire.

Le bain libre

Nous pratiquons tous naturellement le bain libre avec bébé quand nous n'avons pas de baignoire spécifique sous la main, mais c'est une kinésithérapeute, Michèle Forestier, qui a mis un nom sur cette pratique, que nous utilisons souvent sans y penser, de manière intuitive.

Il suffit de faire couler un fond d'eau (à bonne température : la salle de bains à 24 °C et l'eau à 37 °C maximum) dans la baignoire familiale et d'y laisser barboter son bébé, qui aura de l'eau jusqu'aux épaules. C'est cependant un bain rapide pour qu'il ne prenne pas froid.

Nul besoin, en effet, d'avoir une baignoire spécifique pour Bébé. Le bain libre ou libéré favorise la motricité libre et réduit la consommation d'eau, mais cela requiert une extrême vigilance de la part des parents. Donner un bain à Bébé, quel qu'il soit, demande de ne jamais le quitter des yeux.

« Le bébé apprend à bouger dans l'eau. Quand il se retourne et se met à plat ventre, c'est parce qu'il a acquis assez d'assurance et de contrôle pour le faire. Il va ensuite jouer à plat ventre et commencer à ramper », explique Michèle Forestier. Bébé va découvrir la liberté dans l'eau comme quand il était dans le ventre maternel, et il va prendre confiance en lui. La motricité libre, même dans le bain, est une manière naturelle de renforcer la confiance en soi de Bébé et de ses parents, et ainsi de renforcer le lien parents-bébé.

En ce qui concerne les produits de soins indispensables et zéro déchet pour le bain, reportez-vous au chapitre 6, p. 134.

LES VÊTEMENTS : PENSEZ SECONDE MAIN

Témoignage d'Amélie Even, naturopathe à Dreux (28) et maman d'un bébé nature de 9 mois

« Ayant un faible revenu, et l'arrivée d'un premier bébé entraînant de nombreuses dépenses, durant ma grossesse, j'ai acheté des vêtements d'occasion via *le site Le bon coin. Cela m'a permis de rencontrer et d'échanger avec des mamans proches de chez moi. Une de mes amies m'avait également gentiment proposé de me donner quelques vêtements de bébé de son fils âgé aujourd'hui de 15 ans qu'elle avait précieusement gardés. Et un soir, mon compagnon, après l'avoir vue, est revenu à notre appartement avec tout un sac cabas de jolis vêtements de bébé ! Cela nous a vraiment bien dépannés et je la remercie infiniment. Ma belle-sœur, qui m'avait aimablement prêté quelques vêtements de grossesse, nous a donné des bodies naissance neutres de sa fille née huit mois avant notre fils. J'ai pu ainsi anticiper et acheter tous ses petits vêtements jusqu'à l'âge de 6 mois.*

« Les vêtements d'occasion permettent non seulement de limiter les coûts, mais aussi de limiter la présence de substances indésirables dans des vêtements neufs pour enfants. Je privilégie également les matières naturelles, les vêtements faciles à enfiler et dans lesquels Bébé est à l'aise. Un bébé grandissant tellement vite, il n'était pour moi pas utile non plus d'acheter du neuf. Nous avons tout de même fait quelques exceptions, comme pour la première tenue portée le jour de la naissance de notre petit ange, avec un pyjama bio choisi par son papa. Nous achetons du neuf, en coton biologique, pour les bodies et les chaussettes.

> *« Après sa naissance, j'ai complété sa garde-robe en fonction des besoins, surtout pour les tailles supérieures à 6 mois, lors de brocantes, d'une bourse aux vêtements organisée dans ma ville ou sur le site d'occasion Vinted. J'achète et revends aussi ses affaires par ces moyens. Ma famille lui offre également régulièrement des vêtements nécessaires. »*

JOUER EN RESPECTANT LA PLANÈTE

Donnez à votre bébé des doudous en coton bio et des jouets respectueux de l'enfant et de la planète, c'est-à-dire des jouets naturels en bois massif, fabriqués à partir de bois locaux, de bois recyclés, de bois de forêts gérées durablement (label FSC) avec des peintures à l'eau non toxiques, des colorants alimentaires ou encore de la cire d'abeille.

Mettre très tôt des jouets en bois entre les mains d'un enfant, c'est d'abord lui confier un produit non toxique quand il le portera à la bouche. C'est également prendre en compte son développement psychomoteur, les jouets étant adaptés à son développement : hochets premier âge en hêtre et érable massifs, jouets à manipuler, tableau d'activités en bois, jeux de construction, jouets d'imitation, etc.

Offrir un jouet ou un outil fabriqué de manière écologique à un enfant est aussi une façon de respecter ce dernier et de lui enseigner comment respecter à son tour la nature et le monde. Les jouets en plastique, ce n'est pas nouveau, sont mauvais pour la planète et, comme l'idée est de grandir en respectant la Terre et les vrais besoins des enfants, il faut oublier le plastique et favoriser les objets concrets dans des matériaux nobles comme le bois. On retrouve d'ailleurs en cela les principes montessoriens, dont nous autres parents pouvons nous inspirer à la maison, pour faire prendre conscience à nos enfants de leurs talents, tout en faisant d'eux des acteurs responsables de leur exploration du monde.

SHOPPING 100 % BÉBÉ ZÉRO DÉCHET

- Des jouets en matières naturelles comme un hochet à grelot ou un portique en bois de chez Heimess, Goki ou Gliikskäfer.
- Des animaux familiers en bois de chez Hapc.
- Un anneau en bois de chez Wooden Toy Gallery.

L'UNIVERS MONTESSORI

Créez un univers Montessori pour respecter le bien-être de votre enfant, sa personnalité et le monde dans lequel il grandit. Vous l'aidez ainsi à faire seul, mais avec toute votre bienveillance et votre confiance de parents.

La chambre Montessori

Témoignage d'Amélie Even

« Mon compagnon et moi,, nous avons tenté de nous inspirer de l'approche Montessori pour créer la chambre de notre bébé naturo afin de l'accompagner dans son développement et favoriser son autonomie.

« Pour sa chambre, nous avons acheté d'occasion un grand tapis de sol non toxique pour bébé. Ce tapis épais est destiné à son espace jeux. Il y a toujours quelques jouets posés sur ce tapis. Nous privilégions peu de jouets mais des jouets naturels de qualité : jouets en bois, en caoutchouc naturel ou en tissu bio de préférence (des livres, une balle Montessori, un cube d'activité). Son tapis pourra également par la suite remplir d'autres fonctions : matelas d'appoint, pouf ou cabane. Proche de ce tapis, son papa a fixé à l'horizontale un long miroir rectangulaire. Notre petit ange adore se regarder dedans ! Cela l'encourage aussi dans sa motricité. Pour aménager sa chambre, nous avons essayé de nous mettre à sa place et de faire un lieu sobre et épanouissant. Nous avons adapté la pièce à la taille de notre enfant : position du miroir, poignées basses pour son dressing, cubes de rangement au sol pour mettre ses jouets et sur lesquels il peut se maintenir en appui, cadre sur son étagère, et une boîte à musique murale visible de son lit… Pour Noël, on a commandé au Père Noël une petite bibliothèque sur roulettes. Notre bébé pourra ainsi accéder et ranger seul ses livres de face pour un repérage facile. Après avoir fait du cododo durant les premiers mois de Bébé, nous avons acheté un lit à barreaux évolutif en bois sans substances indésirables. Seul ce lit ne respecte pas la pédagogie Montessori, mais il garantit la sécurité. Néanmoins, pour l'emplacement du lit, nous avons respecté le feng shui et permis à notre enfant d'avoir une vue globale de sa chambre. Ce qui ne l'empêche pas, de temps en temps, de faire un petit cododo avec papa-maman. »

QUELQUES CLÉS POUR FAIRE UNE CHAMBRE MONTESSORI

- L'ambiance doit être douce et calme, les couleurs pastel.

- L'agencement de la chambre doit être pensé à hauteur de bébé : taille du mobilier, étagères basses, etc.

- La disposition de la chambre devra changer en fonction de son âge et de son évolution.

- Il faut bien respecter les différents espaces Montessori : le coin sommeil avec un lit montessorien au sol sans barrières mais entouré de coussins ; le coin soins ; le « Nido », qui est le coin d'éveil du tout-petit avec un matelas au sol et un miroir sur le mur, auquel on ajoutera une barre pour l'appui du bébé quand il grandira, le coin d'éveil devenant ainsi le coin activités.

- On oublie les barrières et on laisse l'enfant avec sa motricité libre, sa liberté de mouvement : cela évite d'acheter de la puériculture inutilement.

À SAVOIR

Gardez à l'esprit cet aménagement de l'espace dans la chambre de Bébé pour tout le reste de la maison : l'enfant doit appréhender le monde à sa hauteur dès l'entrée dans la maison.

L'éducation d'un bébé zéro déchet… Baby Montessori !

Pourquoi Montessori ? Favoriser le respect de l'environnement est l'une des clés essentielles de la pédagogie de Maria Montessori pour aider Bébé à grandir dans un environnement pensé pour lui et où il peut apprendre à son rythme, dans le respect de lui-même et des autres avec le développement de l'autodiscipline.

Il est de plus en plus facile de trouver du matériel éducatif Montessori, ce qui permet de placer cette approche à la portée du plus grand nombre de parents, mais aussi de professeurs, d'éducateurs, etc. Nous pouvons tous commander ce matériel et réaménager notre maison selon les principes et l'état d'esprit de Maria Montessori.

Mon témoignage

« Mes aînés ont eu la chance de connaître l'approche Montessori dès la pre-school *en Angleterre et aux États-Unis, où les établissements Montessori sont très nombreux pour les 0-3 ans. En France, il y a moins de possibilités, mais les parents peuvent s'approprier cette approche facilement : en achetant du matériel (il y en a même chez Nature & Découvertes), en participant à des ateliers, etc.*

> *« Pour Bébé 6, notre petite Romy, nous avons eu la chance de pouvoir l'inscrire dans une maison d'assistantes maternelles Montessori qui s'appelle "Le Monde te sourit" au Mans, tout près de chez nous. Trois assistantes maternelles formées à la pédagogie Montessori au centre Nashita d'Angers ont pu créer leur MAM, qui accueille les enfants de 3 mois à 3 ans. Même quand elle est séparée de nous, elle évolue dans un endroit qui est la continuité de ce que nous lui apportons à la maison : la prise en compte de son être en construction, une ambiance douce et calme, où elle peut évoluer à son rythme, continuer la motricité libre, avoir des activités qui la captivent et même s'endormir au sol, et tout cela avec la sécurité affective. Émilie, son assistante maternelle, prend soin d'elle avec bienveillance et l'aide à se construire. »*

La pédagogie Montessori repose sur l'éducation sensorielle de l'enfant dans le but de développer son autonomie et de l'aider à s'inscrire dans le monde. L'enfant va s'approprier le monde naturellement en affinant ses sens pour acquérir de l'expérience… L'éducateur ou le parent est là pour présenter inlassablement les activités à l'enfant, mais c'est l'enfant qui est responsable de lui-même et de ses projets.

L'enfant prend confiance en lui, en ses capacités d'exploration et de compréhension, pour s'épanouir et respecter ce qui l'entoure : les autres et la Terre !

« ***Il ne s'agit pas d'abandonner l'enfant à lui-même pour qu'il fasse ce qu'il voudra, mais de lui préparer un milieu où il puisse agir librement.*** »

Maria Montessori

Témoignage de Virginie Helewa, directrice de l'école Montessori Rive Gauche (Paris 7e)

« La pédagogie Montessori respecte le rythme et la personnalité de l'enfant. C'est à l'école de s'adapter à l'enfant et non l'inverse. L'enfant est un petit d'homme en devenir. On met à sa disposition de beaux objets et de "vrais objets" en verre comme une petite carafe, un petit verre en verre... C'est l'enfant qui choisit une activité qu'il a envie de faire et qu'il va explorer à fond. On laisse l'enfant se développer ; on l'aide à faire seul.

« Cette méthode d'éducation est très positive. C'est un environnement bienveillant qui lui permet de bien grandir. On encourage l'enfant, sans évaluation, et on le corrige positivement pour développer sa confiance en soi. C'est la clé, la base de la réussite. Si tous les enfants étaient dans des écoles Montessori, le monde serait merveilleux. »

À SAVOIR

Les maisons d'assistantes maternelles Montessori et les écoles Montessori sont souvent assez chères, mais des ateliers Montessori pour les parents se développent de plus en plus, permettant d'apporter l'approche montessorienne à la maison avec du matériel conforme. Rendez-vous sur le site de l'Association Montessori de France, qui référence les écoles, et de l'AMI (Association Montessori International) pour les établissements partout dans le monde.

COUP DE CŒUR

Pour finir, j'ai envie de partager avec vous un site « coup de cœur » qui va vous permettre de vous lancer doucement et facilement dans un quotidien écoresponsable.

« Ensemble, changeons nos habitudes ! » C'est la promesse de Fanny, la créatrice du site www.univertfamille.fr

Uni'vert Famille, c'est une boutique en ligne mais aussi des ateliers afin de vous accompagner dans la découverte des produits d'hygiène durable : couches lavables, culottes menstruelles, cure-oreilles, ainsi que cosmétiques solides, matières premières pour fabriquer vos produits ménagers naturellement, etc.

Fini les tonnes de déchets chimiques, apprenez à consommer de façon écoresponsable pour préserver votre santé et celle de la planète !

Témoignage de Fanny, créatrice du site Uni'vert Famille

« Je suis Fanny, la jeune créatrice d'Uni'vert Famille et maman d'une petite Mia née en février 2019.

« La naissance de notre fille a été un déclic, la découverte de l'allaitement, des couches lavables, de la diversification menée par l'enfant et de tout ce qui est bon pour nous et notre planète. Une vraie prise de conscience : c'est maintenant qu'il faut changer les choses, tous ensemble !

« Depuis janvier 2020, j'ai donc décidé d'accompagner les familles vers une hygiène plus écoresponsable avec une gamme durable et fabriquée en France.

« J'ai un énorme coup de cœur pour les couches lavables, les culottes menstruelles, les coquillages d'allaitement, mais aussi la cosmétique solide, enfin l'hygiène zéro déchet en général ! Mais ce qui me tient à cœur, c'est la fabrication française, comme ça, on boucle la boucle d'une consommation plus saine.

« Mon petit conseil bébé : nettoyez le siège à l'eau claire et appliquez un peu d'argile en poudre s'il y a des rougeurs : c'est magique ! »

BÉBÉ ZÉRO, BÉBÉ SLOW

Le cododo

Il y a de nombreuses façons de pratiquer le cododo dans les règles : chambre parentale partagée, avoir un berceau « cosleeper » collé au lit parental, sommeil partagé dans le lit des parents.

Attention : ne faites jamais dormir votre enfant dans votre chambre si vous êtes fumeur, si vous avez consommé de l'alcool ou si vous avez pris des médicaments.

Alors, quelles sont les règles du cododo ?

- Première formule, le berceau installé dans la chambre de papa/maman. L'alternative, c'est le berceau « cosleeper » que l'on accroche sur le côté du lit parental. La principale différence est que dans le second cas, il faut acheter le berceau en question.

Recommandations :

- la chambre doit être à 19 °C ;
- Bébé doit être sur un matelas adapté à son lit ;
- Bébé doit être couvert d'une turbulette adaptée et, les 12 premières semaines, emmailloté ;

→

- il est interdit de fumer quand Bébé partage la même chambre ;
- l'utilisation de la tétine après le premier mois et jusqu'à 6 mois est recommandée une fois l'allaitement bien installé – c'est l'un des principes de lutte contre la MSN (mort subite du nourrisson) d'après l'Académie américaine de médecine.

• Le partage du lit parental. Cela implique de votre part de vous passer de toute couette, couverture ou oreiller. Bébé dormira dans sa turbulette, et vous, dans un bon pyjama ! Dans tous les cas, évitez absolument les objets mous dans votre lit, et veillez à ce que votre matelas lui-même soit plutôt ferme.

Recommandations :
- la chambre doit être à 19 °C ;
- votre matelas doit être ferme et pas à eau ;
- Bébé ne doit pas être trop habillé, comme pour le portage, et oubliez votre couette ;
- Il ne faut pas laisser Bébé seul dans le grand lit ni le mettre à côté d'un enfant plus grand ;
- l'utilisation de la tétine après le premier mois et jusqu'à 6 mois est recommandée une fois l'allaitement bien installé – c'est l'un des principes de lutte contre la MSN (mort subite du nourrisson) d'après l'Académie américaine de médecine.

À condition de respecter ces règles, le cododo développe votre confiance en vous. Il aide à la création du lien avec votre enfant en vous permettant de répondre plus facilement à ses besoins et en économisant par la même occasion votre temps de sommeil (pas de stress ni de peur de ne pas entendre Bébé).

C'est un moyen de rendre l'allaitement plus facile et moins fatigant. Quand on n'a pas besoin de se lever pour aller donner le sein à Bébé, ce dernier est satisfait plus vite, il a le sentiment rassurant que ses besoins sont bien pris en compte… et Maman se rendort plus vite aussi.

Un bébé en cododo a toutes les chances de moins pleurer pendant la nuit, en tout cas moins longtemps. Il se sentira mieux compris et donc prendra confiance en lui. Certaines études montrent aussi une meilleure régulation de la température et du rythme cardiaque chez le bébé en cododo.

CHAPITRE 6 LES PRODUITS PHARES ET INDISPENSABLES D'UN BÉBÉ ZÉRO DÉCHET

L'équipement d'un bébé zéro déchet, c'est aller à l'essentiel. Car un bébé a besoin de vous, de lait et d'amour !

Un trousseau basique

Composer le trousseau de son bébé en version zéro déchet signifie que l'on peut réutiliser les vêtements des bébés précédents de la famille, louer des vêtements, mais aussi en posséder peu, juste l'essentiel.

Préparer le meilleur trousseau possible pour le bébé à naître, c'est le lot de tous les futurs parents. Dans cette quête, vous allez être submergé de livres, de magazines, de publicités vantant tous les nouveaux produits qu'il « faut » avoir pour son bébé. Pas toujours facile de discerner lesquels sont indispensables pour accueillir Bébé naturellement !

L'objectif de ma liste est d'aider les futures mamans qui se veulent écolo, bio et nature à préparer sereinement l'arrivée de leur bébé… sans s'encombrer ni surconsommer ! Elle vous fournit la base d'un joli trousseau de naissance, ainsi que quelques « essentiels » en matériel de puériculture, sans oublier de quoi prendre soin de Bébé sans perturbateurs hormonaux ni composants partiellement toxiques.

Choisir les produits de cette liste est, au passage, un geste pour préserver notre planète et préparer le meilleur environnement possible pour votre enfant. « Allez à l'essentiel, car Bébé a besoin de vous, de lait et d'amour. Tout le reste est superflu ou presque[5]. »

LA GARDE-ROBE DE BÉBÉ

Pour les premiers vêtements de bébé, choisissez de préférence des matières naturelles comme le coton biologique, le bambou ou la laine.

- 6 à 8 bodies en coton bio
- 5 pyjamas en coton bio
- 3 pantalons, robes ou combinaisons
- 1 bonnet en coton bio
- 1 paire de chaussons tricotés
- 1 dors-bien
- 1 tissu d'emmaillotage ou 1 couverture d'emmaillotage
- 5 paires de chaussettes ou 5 paires de collants en hiver, ou encore des jambières spéciales bébé pour faciliter le change et éviter de surcharger la garde-robe

5. Mélanie Schmidt-Ulmann, *La grossesse au naturel c'est malin*, éd. Quotidien Malin, 2014.

- 3 cardigans en coton bio, à acheter ou à faire tricoter par une grand-mère (si vous ne connaissez pas de mamie qui tricote dans votre entourage, allez sur le site internet www.mamyfactory.com pour trouver une mamie tricoteuse douée d'un vrai savoir-faire et qui sort de son isolement en participant à l'élaboration de trousseaux pour bébés).
- 20 couches lavables
- 20 lingettes lavables pour le change et la toilette de Bébé
- 2 serviettes de toilette en coton bio
- 5 couches à l'ancienne (langes) pour pouvoir changer bébé partout…

LES ARTICLES DE PUÉRICULTURE À AVOIR SOUS LA MAIN

Voici une check-list de quelques produits à vous procurer. Mais rappelez-vous qu'avec un bébé zéro déchet, on peut même s'en passer ou n'en prendre que quelques-uns… pour créer ses essentiels.

- 1 bouillotte pour Bébé en tissu bio à remplir de noyaux de cerises (c'est parfait contre les coliques du nouveau-né, mais aussi pour rassurer Bébé, et cela peut même aider Maman à combattre naturellement les bobos de l'allaitement).
- 1 tétine en caoutchouc naturel et physiologique
- 1 doudou bio… et un seul, pas besoin de toute une collection
- 1 porte-bébé physiologique ou 1 écharpe de portage
- des biberons, en verre de préférence (c'est toujours bien d'en avoir un ou deux même si on allaite de façon exclusive, juste au cas où, pour pouvoir laisser Bébé de façon impromptue).
- 1 peau d'agneau véritable qui servira de tapis de change, de tapis de jeu, de lit nomade.

- 1 collier d'ambre véritable contre les douleurs des poussées dentaires
- 1 berceau ou un lit en bois massif (jamais d'aggloméré) ou un lit cododo
- 1 matelas neuf en matière naturelle
- 1 poussette qui va de la naissance aux 3-4 ans de Bébé (même si vous le portez en écharpe, elle pourra servir aux autres personnes qui s'occuperont de Bébé ; mais n'oubliez pas que pendant ses premiers mois de vie, Bébé a surtout besoin d'être porté contre vous et son papa).
- 1 siège-auto
- 1 couverture en matière naturelle que vous pourrez emporter partout

LES PRODUITS « SOINS DE BASE » POUR UN BÉBÉ ZÉRO DÉCHET

Bébé a la peau fragile, sèche et réactive, mais il possède en plus son petit lot de problèmes spécifiques. Pas facile pour de nouveaux parents de concilier soins adaptés et philosophie du zéro déchet. De nombreuses polémiques existent autour des produits dits « spécifiques pour bébé », mais dites-vous déjà que le parabène (qui est un perturbateur endocrinien), l'huile d'amande douce (qui est un allergène possible), l'éthanol (qui contient de l'alcool) et le camphre (qui peut engendrer des convulsions chez l'enfant) sont tous à éviter. L'idéal est donc de ne pas craquer pour les « eaux pour bébé » ou autres produits de soins à la pharmacie ou au rayon bébé du supermarché.

Choisissez chaque produit avec soin et ne gardez que quelques basiques certifiés biologiques :

- 1 savon certifié biologique pour le bain de bébé (pas tous les jours bien sûr) ;
- 1 flacon de liniment oléocalcaire fait maison ou certifié bio pour le change, dans un flacon réutilisable ;
- 1 huile de massage pour masser bébé (bio et de première pression à froid, comme, par exemple, de l'huile de noyau d'abricot) ou un baume de massage ;
- 1 « petite pharmacie naturelle pour bébé » : de l'huile de pépin de pamplemousse pour désinfecter ce que Bébé porte à la bouche, de l'eau de fleur d'oranger pour apaiser les coliques et les peaux irritées, votre lait maternel fraîchement tiré pour les petits bobos, etc.

Quelques produits de soins zéro déchet ont cependant besoin d'être bien expliqués pour une utilisation quotidienne et sans danger pour Bébé. À vous de choisir si vous voulez la version du commerce ou la version faite maison en fonction de vos envies d'aller au bout du zéro déchet en famille.

Les soins naturels

Le lait maternel

Le lait maternel est un remède naturel zéro déchet et inépuisable… pendant l'allaitement ! Pour éviter les crevasses ou les soigner, enduisez vos mamelons de quelques gouttes de lait avant de les laisser à l'air libre. C'est le plus naturel des onguents !

Le lait maternel a des vertus antiseptiques reconnues mais sous-utilisées. Alors à vous de tester ce petit remède 100 % bio, naturel, bourré d'anticorps et sans contre-indications (bien sûr, cela n'est valable que pour les petits bobos et ne remplacera pas les médicaments prescrits par votre médecin). Mais cela vaut la peine d'essayer !

3 CONSEILS POUR SOIGNER AVEC LE LAIT MATERNEL

- En cas de rhume, prenez une dosette de sérum physiologique vide et remplissez-la de lait maternel fraîchement tiré, puis envoyez le précieux liquide dans le petit nez de Bébé.
- En cas d'érythème fessier, appliquez du lait maternel au moment du change.
- En cas de crevasses pendant l'allaitement, faites perler quelques gouttes de votre lait, puis massez votre mamelon avant de le laisser sécher à l'air libre.

Le liniment oléocalcaire

Vous connaissez ? C'est le produit indispensable pour les soins de bébé, pour le change ainsi que pour les massages.

Le liniment oléocalcaire est une solution à base d'huile d'olive biologique (= oléo) et d'eau de chaux (= calcaire), utilisée par des générations de mamans pour nettoyer et adoucir les fesses des bébés et éviter rougeurs, eczéma et érythème fessier. L'ajout du calendula infusé dans l'huile d'olive renforce ses propriétés calmantes et réparatrices (voir p. 24), et la camomille romaine son action anti-inflammatoire. Pas besoin de rincer, le liniment laisse la peau propre et douce.

Le pH basique de ce produit de soin nature et zéro déchet neutralise l'acidité des urines de Bébé et protège ses fesses. Utiliser le liniment, c'est comme utiliser un baume de protection, un film gras très léger.

Des couches lavables + du liniment oléocalcaire bio + des lingettes lavables pour changer Bébé = la recette magique pour des fesses douces et protégées… sans y penser !

COMMENT FABRIQUER SON LINIMENT ?

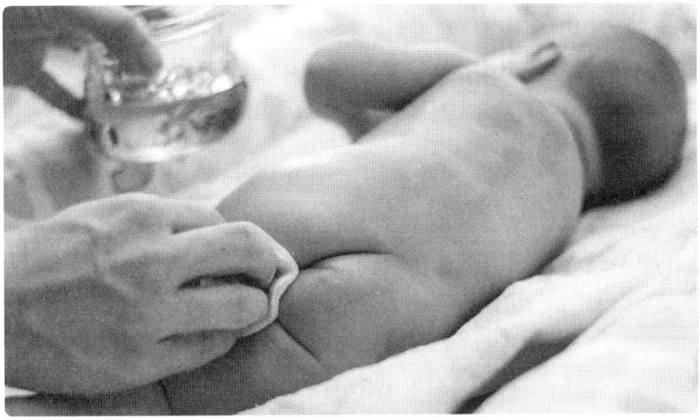

Ingrédients pour 200 ml de liniment :

- 100 ml d'huile d'olive infusée au calendula et à la camomille romaine (voir p. 24)
- 100 ml d'eau de chaux

✂ Versez l'huile d'olive et l'eau de chaux dans le bol du mixeur (bol ultrapropre).

✂ Mixez jusqu'à ce que le mélange soit homogène.

✂ Versez dans une bouteille en verre stérilisée… C'est prêt !

Se conserve deux mois dans un flacon-pompe.

L'extrait de pépin de pamplemousse

L'extrait de pépin de pamplemousse (EPP) est un antiseptique naturel et magique ! Il s'utilise pour désinfecter les couches lavables et tout ce que Bébé met à la bouche (sauf en cas d'allergie aux agrumes) : tétines, biberons, etc. Versez 20 gouttes dans un litre d'eau, nettoyez, puis rincez au bout de 20 minutes.

L'eau de fleur d'oranger

L'eau de fleur d'oranger est apaisante. Versez quelques gouttes dans un peu d'eau pour apaiser Bébé lors des coliques ou des pleurs du soir, prenez-en vous-même pendant l'allaitement. Vous pouvez également en mettre sur une lingette lavable en coton bio pour apaiser la peau irritée de Bébé.

L'huile d'olive

L'huile d'olive biologique de première pression à froid est très protectrice et sans risque d'allergie. Elle s'utilise comme huile de massage en cas de peau sèche, ou pour nettoyer les fesses de Bébé pendant le change en cas de panne de liniment oléocalcaire.

L'huile de noyau d'abricot

On utilise cette huile pour sa douceur, notamment mélangée à de l'eau tiède en cas d'érythème fessier.

L'huile d'ambre

« L'ambre est une résine végétale naturelle riche en camphre et en iode. Elle est recommandée pour lutter contre les douleurs des premières dents chez Bébé. Massez votre bébé avec cette huile (joue et corps) en la chauffant un peu entre vos mains pour que le contact soit plus agréable[6]. »

MODE D'EMPLOI

Faites macérer une pierre d'ambre brute dans une huile de jojoba bio au moins une semaine avant de l'utiliser.

6. Mélanie Schmidt-Ulmann, *Les Secrets de bien-être d'Hildegarde de Bingen*, Éditions Leduc, 2016.

La lithothérapie

L'utilisation des pierres naturelles pour le bien-être de Bébé permet d'apaiser les petits soucis comme les problèmes de sommeil, la fatigue, etc. Pour diffuser les bienfaits de ces pierres, vous pouvez les disposer dans la chambre de Bébé.

QUELQUES SUGGESTIONS DE PIERRES

- **Quartz rose** : pierre de la tendresse. Au Moyen Âge, les parents plaçaient cette pierre sous le matelas du dernier né pour apporter amour et protection à toute la famille. Le quartz rose permet aussi d'aider les bébés à s'endormir.

- **Tourmaline :** pierre protectrice très puissante. La tourmaline noire a la réputation d'être un excellent bouclier contre toutes les énergies négatives.

- **Cornaline** : pierre qui apporte la joie et la confiance en soi. Cette pierre de la vie est aussi utilisée pendant la grossesse et l'allaitement.

- **Améthyste :** pierre qui favorise bien-être et harmonie. Elle procure un sommeil calme et profond. Elle aide aussi les bébés lors de l'angoisse de la séparation.

Les tisanes

À donner à Bébé ou à Maman si elle allaite. Pour Maman, versez 1 cuillerée à café de plante (voir ci-après) dans une tasse d'eau chaude. Si vous voulez en faire boire à Bébé, ajoutez une cuillère à café de tisane dans son biberon ou donnez-la lui directement à la cuillère. Attention à bien laisser refroidir la tisane avant de la donner à Bébé.

- **Tisane de mauve en cas de constipation :** la mauve contient des mucilages qui forment un gel apaisant et lubrifiant pour les muqueuses intestinales. Stimule le transit sans l'irriter.

- **Tisane de chardon-marie en cas de croûtes de lait :** l'infusion est à appliquer comme une lotion.

- **Tisane de fleur d'oranger en cas de nervosité :** à prendre 45 minutes ou 1 heure avant d'aller au lit.

LA DANSE D'APAISEMENT

Pour bercer Bébé et lui permettre de retrouver ses sensations *in utero*, vous pouvez faire la danse d'apaisement du Dr Sears.

Tenez Bébé dans vos bras et enchaînez les mouvements décrits par le Dr William Sears (pédiatre et père de 8 enfants). Je confirme que cette danse d'apaisement est magique, je l'ai utilisé avec mes 6 enfants !

- Avant-arrière : faites un pas en avant et reculez pour vous retrouver pieds joints.
- D'un côté à l'autre : tournez la taille complètement à gauche puis à droite en gardant les pieds joints.
- De bas en haut : gardez le dos bien droit et baissez-vous, relevez-vous, baissez-vous… Enchaînez les mouvements à votre rythme selon les préférences de votre bébé.

Les produits du commerce

Les savons

Optez pour des savons sans colorants, sans produits de synthèse, sans parfums, et fabriqués par saponification à froid.

- Rampal Latour : un savon surgras, adapté à la peaux des bébés, à l'huile d'olive biologique. Une formule excluant les perturbateurs endocriniens et les allergènes listés par Safelife.

- Comme avant : un savon naturel à l'huile d'olive fabriqué à Marseille.

- Omum : « Le Cajoleur », un savon protecteur ultranourrissant, doux, hydratant et naturel, à la mousse généreuse pour cajoler Bébé et Maman.

Les liniments

Si vous n'avez pas le temps de fabriquer votre propre liniment, je vous conseille des produits tout prêts, mais qui restent totalement naturels, sans conservateurs ni parfums industriels.

- Love & Green : un bioliniment hypoallergénique fabriqué avec les trois ingrédients du liniment (eau de chaux, huile d'olive, épaississant naturel) selon la recette des pharmaciens… Et rien de plus !

- Weleda : un liniment à base de cire d'abeille, d'extrait de calendula bio et d'huile d'olive bio… avec une pointe d'huile de sésame, adoucissante et nourrissante.

- Bio Seasons : « Bébé Lou », une formule simple à base d'huile d'olive bio, de cire d'abeille et d'extrait de calendula bio.

Les huiles de massage

> « ***Masser l'enfant, c'est réveiller dans son corps le bien-être qu'il vivait dans le ventre maternel.*** »
>
> Frédérick Leboyer

Voici une petite sélection d'huiles de massage toutes douces pour Bébé.

- Skinhaptics : une huile de massage aux huiles de coton, de prune et de tournesol. Elle est recommandée dans de nombreuses maternités.

- Farfalla : l'huile « Chaleur & Sécurité » est une huile de massage aux pierres précieuses (agate, néphrite et serpentine) et aux huiles essentielles (vanille bio, santal et benjoin du Siam), qui procure chaleur, sécurité et confiance en soi. À appliquer en massage ou dans le bain.

- Omum : la crème de massage « La Confidente » au beurre de karité se transforme en huile lors du massage. La vanille Bourbon 100 % naturelle qui parfume cette crème a des vertus apaisantes.

- NeoBulle : l'huile « Bien-Être » est à base d'huile végétale de noyau d'abricot et contient de la lavande fine pour un effet relaxant. À utiliser dès la naissance.

La « petite » bobologie

- Des gammes spécifiques à base d'huiles essentielles, adaptées aux bébés

Je vous conseille de mettre dans la pharmacie de Bébé des basiques de soins au naturel comme ce coffret complet pour les petites urgences. La marque NeoBulle propose trois sticks d'urgence dans le coffret « L'infirmier c'est papa » :

- « Adou'pik » pour les petites piqûres ;
- « Badaboum » à appliquer après les chocs ;
- « P'tits Bobos » pour désinfecter les égratignures.

Toujours chez NeoBulle, on trouve aussi « Calm'bidou », une huile de massage pour les maux de ventre de Bébé (à appliquer dès la naissance en massage doux et circulaire), et « Pchitt Détente & Dodo », un spray pour faciliter l'endormissement (à vaporiser en l'absence de Bébé et à partir de 3 mois).

• Des élixirs floraux

La florithérapie, ou l'utilisation des élixirs floraux comme remède aux émotions, permet d'accompagner les états émotionnels des tout-petits. En parallèle de la méthode traditionnelle des fleurs de Bach, il existe les élixirs floraux européens.

Chez Deva – Les Émotions, il y a des élixirs floraux bio à mettre dans l'eau du bain de Bébé :

- « Étoile de Bethléem », pour récupérer après le traumatisme de la naissance ;
- « Assistance » est un composé à utiliser pour apaiser les angoisses de Bébé.

Pour aller plus loin avec les élixirs floraux et leurs utilisations pour la famille, n'hésitez pas à me contacter pour des conseils personnalisés.

Le collier d'ambre

Collier et bracelet d'ambre véritable… contre les maux des premières dents. L'ambre agit lors du frottement contre la peau pour libérer ses bienfaits : des ions négatifs, du camphre et de l'iode.

QUELQUES ESSENTIELS DE LA PARENTALITÉ ZÉRO DÉCHET À LA LOUPE

Certains éléments du trousseau basique d'un bébé zéro déchet sont vraiment essentiels. Posséder le lange ou la couverture d'emmaillotage, la peau d'agneau, l'écharpe Rebozo et des tétines en caoutchouc naturel n'est pas le plus courant et pourtant, ils deviennent très vite indispensables pour une parentalité zéro déchet.

Le lange ou la couverture d'emmaillotage

Le lange fait partie des produits indispensables pour Bébé, et on le garde longtemps !

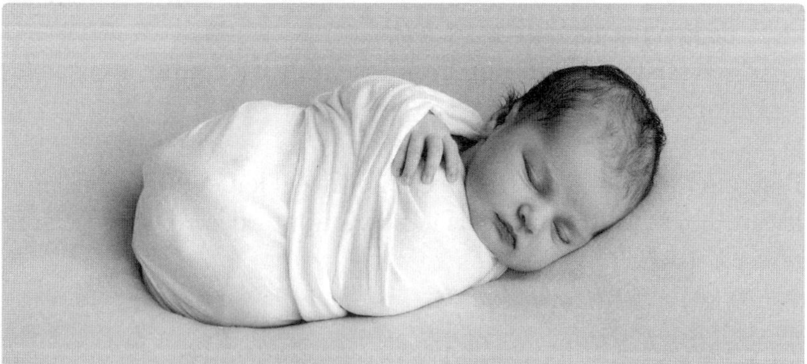

Dès la naissance, le lange d'emmaillotage permet d'emmailloter Bébé, et cela jusqu'à 3-4 mois. C'est sa fonction première. Ensuite, il pourra suivre et s'adapter à la croissance de Bébé et de ses nouveaux besoins : le lange servira alors pour changer bébé partout, pour le protéger du soleil, pour improviser un tapis de jeu, etc.

Pourquoi emmailloter ?

Non, l'emmaillotage n'est pas dépassé, et c'est même recommandé pour apaiser Bébé et l'aider à trouver le sommeil. Par ailleurs, cela simplifie et réduit le trousseau de Bébé.

L'emmaillotage, pratiqué systématiquement dans les maternités américaines, est un geste très simple que l'on peut adopter dès la naissance. Il permet à Bébé de ressentir l'effet apaisant et sécurisant d'un espace restreint, semblable à ce qu'il éprouvait dans l'utérus maternel. La sensation d'enveloppement favorise un sommeil profond sans risque de réveil brusque. Parmi les autres avantages, l'emmaillotage régule la température corporelle de Bébé et lui évite de se griffer le visage en dormant.

Bébé n'est bien sûr pas totalement entravé. Il n'y a aucun danger que son développement musculaire soit ralenti ou que Bébé ait plus de risques de développer des problèmes de luxation de la hanche… À condition, bien sûr, d'observer les règles d'un emmaillotage respectueux de Bébé.

Comment emmailloter ?

J'ai appris cette méthode pour langer les bébés auprès des sages-femmes américaines, à l'occasion de la naissance de mes jumeaux aux États-Unis. La voici présentée pas à pas (vous la trouverez en images dans le *Programme d'encouragement des mamans*, disponible sur www.lelaitdemaman.com) :

- pliez le lange pour composer un triangle au milieu, pointe vers le bas, en laissant un rebord tout autour ;
- installez Bébé sur le triangle : les épaules juste en dessous du pli du lange et la tête au-dessus ;
- mettez le bras droit de Bébé, plié au coude contre son ventre, et pliez le côté gauche du lange sur le côté opposé, en le repliant bien sous le corps de Bébé ;
- pliez le bas du lange (la pointe du triangle) pour bien couvrir les pieds de Bébé ;
- mettez le bras gauche de Bébé contre son corps, toujours plié au coude, et ramenez le côté droit du lange en vérifiant que le tissu passe bien sous le corps de Bébé.

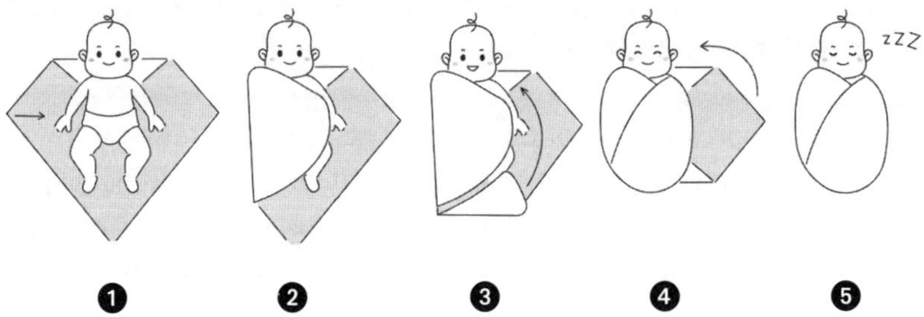

Bébé est ainsi bien emmailloté !

Quels sont les avantages ?

Vous êtes prêt à faire bénéficier votre enfant des bienfaits de l'emmaillotage ? Voici un récapitulatif des principales vertus de l'utilisation d'un tissu ou d'une couverture d'emmaillotage pour endormir Bébé :

- Bébé retrouve les sensations de l'espace restreint comme dans le ventre de Maman et cela le rassure. C'est la sensation d'enveloppement qui le sécurise ;

- il va aussi trouver plus facilement le sommeil et cela peut même l'aider à faire des nuits complètes (4 heures de sommeil d'affilée pour un nouveau-né ou un bébé de moins de 3 mois) ;

- vous n'avez pas besoin d'habiller votre bébé avec autre chose qu'un petit body en dessous de la couverture d'emmaillotage : c'est un bon moyen de simplifier le trousseau de naissance de votre bébé.

Comment bien choisir son tissu ou sa couverture d'emmaillotage ?

Le tissu d'emmaillotage doit être un grand lange en mousseline 100 % coton ou bien en viscose de bambou, et qui s'inspire de la tradition d'emmaillotage ancestrale par sa taille (120 × 120 cm). Les langes d'emmaillotage sont doux, absorbants et respirants, et peuvent donc se transformer au gré des besoins en couverture-doudou, en pare-soleil, en bavoir classique, en bavoir d'épaule, en tapis de change et même en couverture d'allaitement… Un classique de l'emmaillotage.

Si vous préférez utiliser une couverture d'emmaillotage prête à l'emploi, il existe des modèles qui s'enfilent aussi facilement que des gigoteuses et qui permettent même de transporter votre bébé emmailloté dans son siège-auto.

QUELQUES RÈGLES À RESPECTER POUR QUE L'EMMAILLOTAGE SOIT BÉNÉFIQUE À VOTRE BÉBÉ

- On utilise l'emmaillotage pour aider Bébé à s'endormir.
- L'emmaillotage est une pratique que l'on réserve aux bébés jusqu'à 3 mois, même si l'on peut prolonger son utilisation quand Bébé grandit.
- On déshabitue son enfant progressivement à ce rituel : on laisse d'abord un bras libre hors de la couverture, puis le second, etc.
- Il ne faut jamais emmailloter Bébé en l'empêchant de bouger ses bras et ses jambes.

SHOPPING 100 % BÉBÉ ZÉRO DÉCHET

- Lässig, les langes les plus doux du marché, un tissu 100 % coton prélavé, une matière douce et naturelle.
- Aden+Anais, des langes respirants en mousseline de coton, une matière durable qui s'adoucit avec le temps.
- Ilado Paris et son « Cocon de laine » en pure laine mérinos complètement naturelle pour envelopper votre tout-petit dans un cocon préformé.
- Anna Pollack (www.annapollack.com), créatrice des « Babys-Schlafsack », qui sont une version intermédiaire entre gigoteuse et couverture d'emmaillotage, fabriqués avec des tissus recyclés, dans lesquels Bébé est bien

enveloppé mais ses bras sont libres de bouger ; cela en fait aussi un modèle à utiliser pour prendre le relais d'un emmaillotage plus classique.

- Red Castle et son modèle « Babynomade® », une couverture ultrapratique en polaire pour emmitoufler Bébé rapidement et facilement dès la sortie de la maternité.
- Puckababy et sa gigoteuse d'emmaillotage « Piep » pour les 0-3 mois ou « Mini » pour les bébés de plus de 3 mois. Un emmaillotage préformé qui forme un petit cocon tout prêt pour accueillir Bébé.

La peau d'agneau

Cette peau d'agneau se place dans le berceau de Bébé, elle remplace la table à langer pour le change, elle l'aide à s'endormir même quand il devient grand…

Savez-vous pourquoi les pilotes d'avion ont une peau d'agneau sur leur siège de pilotage ? Parce que la peau d'agneau annule l'électricité statique et a un pouvoir calmant et déstressant… Et cela marche aussi avec les bébés.

La peau d'agneau est chaude en hiver, car la laine est un isolant naturel, mais elle reste fraîche en été en absorbant la chaleur.

Comment faire pour que Bébé profite au maximum de sa peau d'agneau ?

- Dormez sur la peau d'agneau de votre bébé pour l'imprégner de votre odeur avant de la mettre dans son couffin : Bébé sentira votre odeur et sera rassuré.

- La peau d'agneau a des propriétés autonettoyantes : pensez juste à l'aérer quotidiennement. Et il suffit de la laver avec un savon à la lanoline en cas de grosse tache, puis de la faire sécher à plat (à l'air libre ou loin d'une source de chaleur).

- La peau d'agneau est multifonction ! Elle se transforme en lit de voyage, en petit matelas réconfortant dans la poussette, en tapis à langer, en tapis de jeu.

- Grâce à son pouvoir thermorégulateur et au grand confort de ses fibres laineuses, Bébé va dormir plus longtemps et plus profondément.

La peau d'agneau est donc un cadeau de naissance à s'offrir ou à se faire offrir pour accompagner Bébé dès les premiers jours et jusqu'aux premières années. Elle deviendra vite un doudou que l'on peut emporter partout très facilement, réconfortant pour le tout-petit.

Mon témoignage

« J'aimerais partager avec vous mon témoignage et mon avis sur la peau d'agneau. Et ne pas lancer de débat, car, certes, ce n'est pas dans la philosophie végane ! Ces peaux sont tannées dans des conditions écologiques et, surtout, elles sont zéro déchet, durables, et il n'y a aucun équivalent à la hauteur de la peau d'agneau naturelle. Mon fils Henry vient d'avoir 19 ans et sa peau d'agneau est encore là. Chacun de mes enfants a eu la sienne comme cadeau de naissance. Cela remplace un tas de produits de puériculture polluants et remplis de plastique à bannir. C'est un doudou rassurant auprès de Bébé, qui respecte sa peau, a des pouvoirs magiques pour l'endormir et c'est un essentiel que l'on peut garder toute une vie ! »

SHOPPING 100 % BÉBÉ ZÉRO DÉCHET

La peau d'agneau Kaiser est 100 % certifiée Oeko-Tex® et fabriquée écologiquement et durablement.

L'écharpe Rebozo

Le Rebozo est un châle mexicain en coton, en soie ou en laine, de couleur vive, utilisé pour porter les bébés et pour soutenir la femme enceinte pendant la grossesse, lors de l'accouchement et au cours de sa vie de femme, lors des règles, de la ménopause, etc.

In utero, Bébé est sans cesse bercé dans le liquide amniotique, par les bruits du cœur de Maman, le mouvement de ses pas, etc. Une fois transformé en porte-bébé physiologique, le Rebozo permet à Bébé de retrouver toutes les sensations qu'il ressentait lors de la grossesse.

Témoignage de Virginie Derobe, qui dirige L'École du Rebozo

« Le Rebozo est un tissu très commun au Mexique, les femmes l'utilisent comme une écharpe, bien sûr autour du cou, des hanches, du ventre… Elles s'en servent assez naturellement comme porte-bébé. Elles portent leur bébé dans le dos dès la naissance et jusqu'à ce que leur bébé devienne un bambin ! L'attache du Rebozo se fait en forme de "sling" avec un simple nœud et une volte sur l'épaule pour tendre le tissu et permettre un portage en toute sécurité ; les femmes de toutes les régions du Mexique portent leurs bébés de cette façon ou dans leurs bras. »

SHOPPING 100 % BÉBÉ ZÉRO DÉCHET

Rendez-vous sur www.lerebozo.fr pour choisir un Rebozo en coton, en soie ou en laine, et pour trouver une praticienne en Rebozo.

Mon témoignage

« Je suis formée aux techniques de savoir-faire de l'écharpe Rebozo ainsi qu'au rituel-soin Rebozo. C'est un outil formidable que j'utilise dans mon accompagnement de "Mom and Baby planner" et mon activité de doula auprès des mamans et des femmes autour de la Slow parentalité® et de la parentalité sacrée… au Mans ! Mon approche est de permettre de prendre conscience de son corps de future maman lors de la grossesse et d'éviter le burn-out *maternel après la naissance pour se réapproprier son corps et être épanouie dans sa parentalité. »*

Les tétines

Le besoin de succion du bébé

Un bébé allaité va prendre le sein de sa maman et cela va favoriser la production du lait maternel : c'est le cercle vertueux de l'allaitement maternel. Mais l'allaitement permet à Bébé bien plus que simplement prendre du lait… L'allaitement va lui permettre de répondre à un autre de ses besoins physiologiques, la succion.

Eh oui, l'allaitement, ce n'est pas fait que pour nourrir.

Bébé va téter pour trouver du réconfort. Par exemple, on met Bébé au sein chez le pédiatre pour qu'il reçoive, par le fait de téter, de bonnes hormones apaisantes s'il a mal ou peur. Dans les services de pédiatrie, on donne des tétines aux bébés hospitalisés (s'ils ne sont pas allaités) pour les apaiser.

Une étude[7] montre également que les bébés utilisant une tétine pendant la première phase de leur sommeil sont moins souvent victimes de la mort subite du nourrisson, car la tétine laisse passer de l'air. Aux États-Unis, on encourage l'utilisation de la tétine les six premiers mois de Bébé, et plus particulièrement à partir de l'âge d'un mois.

Quand donner la tétine à son bébé ?

Réservez-la aux moments critiques, à l'endormissement et aux petits chagrins en particulier. Faites aussi en sorte de limiter son utilisation dans le temps, au plus tard jusqu'au moment de l'entrée en maternelle. Enfin, soyez attentif à ce que la tétine ne vous empêche jamais d'être à l'écoute des besoins de votre enfant, notamment son besoin de communiquer et d'être près de vous.

Si vous allaitez, votre sein peut suffire dans certains cas à répondre au besoin vital de succion de votre bébé, mais certains bébés allaités ont un très fort besoin de succion que la tétine peut venir compléter. On conseille souvent de ne pas donner la tétine avant que l'allaitement soit bien en place pour éviter les risques de confusion entre sein et tétine, mais rassurez-vous, les confusions sont très rares si l'on respecte la mise au sein de Bébé à la demande et que l'on garde la tétine pour des petits moments bien choisis, si Bébé en a réellement besoin. Il y a de nombreux bébés allaités qui aiment tétouiller une petite tétine en plus du sein.

---

7. De-Kun Li, Marian Willinger, Diana B. Petitti, Roxana Odouli, Liyan Liu, Howard J. Hoffman, « Use of a Dummy (Pacifier) During Sleep and Risk of Sudden Infant Death Syndrome (SIDS): Population Based Case-Control Study », The British Medical Journal, 7 janv. 2006, 332(7532), 18-22. URL : https://www.researchgate.net/publication/7429570_Use_of_a_dummy_pacifier_during_sleep_and_risk_of_sudden_infant_death_syndrome_SIDS_Population_based_case-control_study

La tétine n'est pas seulement un petit objet en silicone ou en caoutchouc !

La tétine permet au bébé de répondre à son besoin physiologique de succion. Tous les bébés peuvent avoir besoin de téter à vide, que ce soit le sein de Maman ou le biberon. Et quand Bébé est nourri au biberon, ce besoin de téter se fait encore plus ressentir, contrairement à un bébé qui est allaité à la demande.

Mais, même chez les bébés allaités, il y a des moments où le sein de Maman n'est pas à disposition, que les tétées nutritives ne suffisent plus ou que Maman veut offrir à son bébé autre chose que son mamelon. Bref, il y a de nombreux moments où le besoin de succion est plus fort et alors Bébé doit téter, sa tétine, son biberon, le sein de sa maman, son pouce ou son doudou, pour s'apaiser, se calmer.

Essayez de proposer la tétine lors des épisodes de coliques de votre bébé, quand il pleure pendant des heures et des heures... Cela va l'apaiser et aussi apaiser les parents. Cela permet de retrouver l'harmonie maman-papa-bébé (évidemment si la succion de la tétine l'apaise, car ce n'est pas automatique).

L'idée est de ne pas laisser Bébé avec son angoisse et de lui proposer des solutions. Une maman allaitante va proposer le sein à la demande, c'est-à-dire sans idée de durée et surtout à chaque fois que son bébé en ressent le besoin. Et c'est dans des « moments critiques » comme les pleurs du soir ou les coliques qu'il faut cajoler Bébé, le mettre au sein, lui proposer un biberon, lui donner une tétine pour qu'il arrive à trouver l'apaisement, si vos bras, vos mots doux et vos bisous ne suffisent plus.

La succion est un besoin naturel auquel il faut absolument pouvoir répondre : Bébé tétait déjà dans le ventre maternel, sucer son pouce, le cordon ombilical, ses doigts de main ou de pied était déjà un réflexe.

Comme pour tous mes conseils en Slow parentalité®, je vous invite à observer les véritables besoins de votre bébé et vos propres besoins de maman pour savoir ce que vous devez faire : un bébé allaité peut avoir besoin d'une tétine en plus de l'allaitement maternel s'il a un très très fort besoin de succion ; un bébé au biberon qui prend son temps pour téter peut ne pas avoir besoin de prendre une tétine ou son pouce mais va machouiller son doudou… À vous de décider, car vous allez trouver les « pro-tétines », les « pro-pouces », les « pro-seins exclusivement ».

J'aime bien dire que la tétine endort les bébés, mais elle réveille les débats. C'est un tout petit objet qui aime tant se cacher sous les lits, dans un coin de la salle de bains et au fond des bacs à jouets, mais c'est un objet de controverse ! Que dis-je : de discussions acharnées, passionnées, interminables entre parents et, il faut bien le dire, souvent stériles. Alors, pour ou contre la tétine ?

Je pense que c'est à chaque parent d'y répondre et que chaque tétine achetée parmi les cinq millions de tétines vendues chaque année en France doit apporter réconfort à un bébé et ses parents.

À SAVOIR

Les tétines en caoutchouc sont plus naturelles que celles en silicone, car le silicone est un produit de synthèse tandis que le caoutchouc est issu d'une transformation du latex extrait de l'arbre hévéa. Attention, le latex est un allergène chez certaines personnes.

Les tétines ou sucettes en hévéa sont donc des tétines fabriquées en gomme 100 % naturelle. Elles sont garanties sans BPA, sans PVC, sans phtalates, sans parabène ni colorants artificiels. Elles se différencient de toutes les autres tétines par leur mode de production durable.

→

Ces sucettes physiologiques sont souples et douces pour le visage de bébé, elles ne laissent pas de marques sur leur peau délicate.

Certaines tétines sont conçues pour toucher le nez du bébé et lui donner le même sentiment de sécurité que pendant l'allaitement.

Elles sont très hygiéniques : pas de joints, d'angles ou de fentes, les tétines sont faites d'une seule pièce.

SHOPPING 100 % BÉBÉ ZÉRO DÉCHET

- Suavinex propose une tétine en caoutchouc naturel et hypoallergénique.
- La sucette ovale Goldi est également en caoutchouc naturel. Elle est très appréciée par les bébés allaités car elle reprend la forme du téton.
- Hévéa propose une sucette physiologique et orthodontique en caoutchouc naturel, emballée dans un papier certifié FSC.

BÉBÉ ZÉRO, BÉBÉ SLOW

Le portage

Oubliez la poussette en plastique et choisissez le meilleur mode de portage pour vous et votre bébé (voir le tableau comparatif p. 160-161) !

Les 10 règles essentielles du portage physiologique

1. Veillez à ce que votre enfant ait une bonne position jambes écartées-relevées en « M ».
2. Les fesses de votre bébé doivent se trouver bien au fond du portage.
3. La tête et la nuque doivent être bien soutenues durant son sommeil.
4. Bébé doit être à « portée de bisous », c'est-à-dire que vous devez pouvoir l'embrasser quand il est porté.
5. Votre bébé doit pouvoir atteindre sa bouche avec ses mains : cela permet d'améliorer la respiration, la perception et le redressement de sa colonne vertébrale.
6. Gardez un contact avec votre bébé en touchant et en soutenant ses pieds nus... Vous verrez, c'est instinctif. Cela favorise sa circulation sanguine.
7. Utilisez des modes de portage physiologiques (un porte-bébé aux lanières croisées ou une écharpe de portage), qui stimulent le redressement de la colonne vertébrale chez vous et votre enfant.
8. Choisissez la bonne hauteur de portage : l'idéal est que le centre de gravité soit à hauteur de celui de votre corps.
9. À partir du cinquième mois, vous pouvez porter votre enfant face au monde, en maintenant l'arrondi naturel de son dos, ses fesses correctement positionnées au fond

→

du portage et les jambes écartées-relevées en « M ». Ne gardez cette position que 15-20 minutes maximum et restez attentif aux signes de fatigue et de surstimulation.

10. Il est recommandé de varier les positions de portage à tout âge. Utilisez donc des positions/porte-bébés variés, changez de côté, sur le dos et contre le ventre. Cela permet de transmettre des stimuli différents.

Et la version totalement naturelle : le portage à bras

Mon conseil : avant même de choisir le mode de portage qui vous convient, faites l'expérience du portage à bras.

Dès que l'on s'occupe de Bébé, on le porte naturellement : pour le changer, pour l'endormir, pour calmer ses pleurs, lui parler... Toutes les mamans portent leur bébé contre elles longtemps après la naissance. Ainsi, les femmes des tribus amazoniennes portent leur bébé pendant un an et ont inspiré le concept du continuum selon lequel les mères répondent sans tarder aux demandes de leur bébé.

Les bébés sont naturellement programmés pour s'accrocher à leur mère et trouver le sein en s'agrippant.

J'aime cette description de Gro Nylander, docteure norvégienne, qui décrit cet agrippement et le démarrage naturel de l'allaitement : « Tous les bébés nés à terme et en bonne santé sont placés sur le ventre de leur mère, à proximité des seins. Le bébé peut alors pleurer, avoir quelques petits problèmes respiratoires ou avoir besoin de se reposer. Mais après un moment de repos, de quelques minutes à une ou deux heures maximum, il va faire preuve d'un intérêt particulier pour le visage de sa mère – surtout ses yeux –

et pour le sein et le mamelon. Il commencera alors à faire des grimaces avec la bouche, puis il va ramper, d'abord en remuant les hanches et les jambes, puis en remuant les bras, dans le but de se hisser vers les seins. Il va porter sa main à sa bouche. Il va étendre et replier les bras et essayer d'agripper tout ce qui lui passera sous la main, souvent le mamelon s'il le peut[8]. »

Les bébés sont donc tout naturellement programmés pour s'accrocher à un adulte et être portés comme on vient de le décrire avec le réflexe d'agrippement à la naissance. Il suffit de porter Bébé contre soi en respectant sa physiologie naturelle (notamment la bascule naturelle du bassin vers l'avant) et en l'invitant à s'agripper à votre corps. En haptonomie, le portage à bras et le soutien du bébé par la « base » (le bassin) est une approche intéressante enseignée aux parents lors d'une séance avec le bébé.

Peut-on apprendre le portage à bras ?

On apprend à soulever son bébé, à le manipuler, le poser et le porter à bras de manière à respecter sa morphologie ; ses jambes doivent être écartées et relevées comme celles d'une petite grenouille… Être porté doit lui permettre d'avoir des sensations agréables en étant acteur du portage. Il doit ressentir un sentiment de sécurité : on soulève Bébé avec une main en soutien sous sa « base » (ses fesses) et avec l'autre main, on maintient son dos. Bébé ne doit en aucun cas être pris sous les aisselles, ne doit pas être comme suspendu les jambes dans le vide.

8. Intervention du Dr Gro Nylander au colloque de la Journée mondiale de l'allaitement en mars 2007.

STYLE DE PORTAGE	ALLAITEMENT	PEAU-À-PEAU	MATERNAGE INTENSIF
Porte-bébé physiologique comme : - Néo, de Néobulle - Manduca - ErgoBaby (100% coton bio) - Beco	Oui, mais pas toujours facile avec un nouveau-né	Oui contact direct bébé-porteur	Oui
Sling comme : - Sling Néobulle - Walaboo (aucun nouage nécessaire)	Oui, avec installation de bébé en berceau	Oui	Pas vraiment confortable pour cet usage
Porte bébé chinois Mei Tai (BB TAÏ Babylonia)	Oui, mais pas toujours facile avec un nouveau-né	Oui portage traditionnel. Oui contact direct bébé-porteur	Oui
Écharpes en sergé croisé. La référence du portage en écharpe est l'écharpe traditionnelle Storchenwiege. Vous devez choisir la bonne longueur. 4,60 m est souvent suffisant. Mais elles existent en 5,20 m pour les pro du portage.	Oui	Oui contact direct bébé-porteur	Oui
Écharpes stretch (elles sont différentes selon la matière pour les rendre stretch : 100% coton ou coton/lycra), comme : - ByKay (100% coton) - Love Radius (avec Lycra) - Skinhaptics (coton, élasthanne)	Oui	Oui contact direct bébé-porteur	Oui
Tissu Rebozo (tissu traditionnel mexicain multi-usages : porte-bébé mais aussi hamac-bébé, couverture d'appoint, tapis de jeu, écharpe pour maman…)	Oui	Oui	Oui

Source : *Programme d'encouragement des mamans* de Mélanie Schmidt-Ulmann.

FACILITÉ D'UTILISATION	BESOIN DE COURS DE PORTAGE	MATIÈRE	PORTAGE
Oui, bébé est en position physiologique en étant mis dans le porte-bébé	Non	Coton, coton bio, sergé croisé en denim…	Ventre à ventre, hanche, dos (sauf Caboo de Close : juste devant et demi-hamac)
Besoin de faire un premier nœud avec les anneaux pour un modèle Néobulle	À choisir préformé ou apprendre à faire le nœud	En sergé croisé, coton suédé, coton…	C'est surtout un portage d'appoint
Oui	Non : portage dos, ventre, hanche	Coton issu du commerce équitable	Portage ventre, hanche, dos
Élasticité naturelle et portage naturel	Apprendre à faire les nœuds	100 % coton Oeko Tex 100	Toutes positions possibles à condition d'avoir appris à faire les nœuds
Un premier nœud est souvent à faire. Existent en version longue ou plus courte	Plus facile d'utilisation que les écharpes en tissus sergé croisé. Portage dos, ventre, hanche…	Coton/Lycra ou 100 % coton	Toutes les positions sont possibles
Besoin de faire les nœuds	Préférable comme avec l'écharpe de portage	Coton (tissu traditionnel mexicain)	Portage sur le ventre, hanche et dos (à l'africaine)

SHOPPING 100 % BÉBÉ ZÉRO DÉCHET

- L'écharpe de portage Skinhaptics : mon indispensable ! Entre l'écharpe et le porte-bébé, on l'enfile en cinq secondes et il est aussi confortable qu'une écharpe. On peut porter des heures…

- Le porte-bébé préformé Néo de Néobulle permet de porter Bébé dans la position la plus physiologique possible. Pour une heure ou deux, après, cela devient plus fatigant.

- L'écharpe de portage ByKay est une écharpe stretch 100 % coton ultraconfortable. Il faut juste apprendre à faire un premier nœud.

À RETENIR

Le parent porteur est très vite plus à l'aise avec un bébé bien porté et tonique qui sera bien ancré dans son corps. Vous pourrez alors choisir le porte-bébé physiologique qui vous correspond le mieux, mais surtout oubliez le porte-bébé classique non physiologique.

CHAPITRE

7 LES COUCHES LAVABLES

Et si on oubliait les couches jetables ? 3,5 milliards de couches jetables sont vendues en France chaque année, soit une tonne de déchets (+ de 5 000 couches par bébé) de la naissance à la propreté. Et de plus, ces couches contiennent du glyphosate, de la dioxine, des allergènes, des métaux lourds, du chlore, etc.

Tous les parents peuvent, et doivent, trouver une bonne raison pour se mettre aux couches lavables. Oui, il existe des couches jetables écologiques, mais il y a les vraies couches écologiques jetables… et les autres, qui nous racontent qu'elles sont écolos alors qu'il s'agit en réalité de *green washing* (orientation marketing visant à faire croire que le fabricant est bio et/ou écolo, bien que ce ne soit pas tout à fait la vérité) !

Pour certains parents, passer aux couches lavables, c'est pour… la planète ! C'est faire un geste citoyen.

Pour d'autres, c'est pour… Bébé ! Car se mettre aux couches lavables (et aux matières naturelles de leur composition), c'est en finir avec les fesses irritées. Les différents plastiques entrant dans la composition des couches jetables empêchent en effet la peau de bien respirer.

Pour d'autres parents encore, c'est pour… le côté économique ! En se mettant aux couches lavables, on économise plus de 1 000 euros et encore plus, si on s'en sert pour les autres enfants.

QUELQUES CHIFFRES QUI VOUS AIDERONT À PASSER AUX COUCHES LAVABLES

- Presque 5 000 couches sont utilisées de la naissance à la propreté selon l'Ademe, soit 1 tonne.
- 6 000 tonnes de couches sont jetées par jour dans le monde[9].
- En utilisant rien qu'1 couche lavable par semaine, vous évitez l'enfouissement de 912 couches jetables.
- 3,5 milliards de couches jetables sont commercialisées par an en France et elles génèrent près de 750 000 tonnes de déchets à traiter.
- Les couches jetables représentent 8 % des déchets d'un foyer avec un enfant de 0 à 2 ans.
- Les couches jetables mettent jusqu'à 500 ans pour se décomposer.
- Le budget des couches lavables, de la naissance à la propreté, est compris entre 400 et 600 €, contre 2000 € pour les couches jetables.

9. Source : Bambino Mio.

LE MATCH COUCHES LAVABLES/COUCHES JETABLES

Avant toute chose, sachez que les nouvelles couches lavables sont loin du change à l'ancienne avec les épingles à nourrice : vous pouvez trouver des modèles imprimés très jolis et tout en un ! Ces couches sont appelées, dans le jargon des lavables, les TE1.

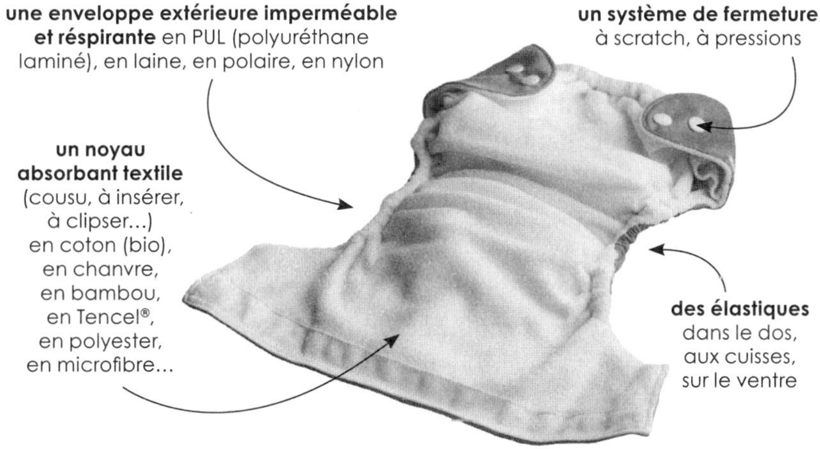

Un bébé zéro déchet est un bébé en couches lavables… même s'il faut toujours avoir sous la main quelques couches jetables écologiques, car tout parent, même le plus adepte des couches lavables, va se retrouver une fois, voire des dizaines de fois, sans couche propre à mettre à Bébé (sèche-linge en panne, couches pas sèches, oubli de lancer la machine des couches, couches encrassées, etc.).

Vous êtes un parent converti au bio dès le berceau ? Vous êtes un parent soucieux de la santé de votre bébé mais vous avez peur de la difficulté d'organisation avec les couches lavables ? Vous vous demandez comment, au XXIe siècle, on peut revenir aux couches lavables ?

Soyez rassuré ! Comme je vous le disais, les nouvelles couches lavables sont loin du change avec les épingles à nourrice. Pourtant, malgré tous les progrès dans ce domaine, les couches lavables ont du mal à se démocratiser car il n'y a que 15 % des parents qui les utilisent régulièrement ou même occasionnellement.

Voici quelques arguments qui finiront de vous convaincre que les couches lavables sont l'avenir de la planète et des bébés : elles ont une empreinte écologique très réduite par rapport aux couches jetables, elles sont sans résidus toxiques ni substances chimiques, elles sont ultrafaciles à mettre, comme si vous mettiez une couche jetable sans pour autant encombrer les poubelles et salir la planète d'une tonne de déchet par bébé.

Vous en voulez encore ? En France, 3,5 milliards de couches jetables sont vendues chaque année, et cela représente 3 % des ordures ménagères collectées. Évidemment, vous pouvez transiger pour des couches jetables écologiques, à condition qu'elles soient en matière naturelle, sans chlore ni produits chimiques, et biodégradables, mais ce n'est pas aussi zéro déchet que les couches lavables.

Avant de vous lancer dans les couches lavables, je vous conseille d'étudier un peu les différences entre les systèmes qui existent (les classiques, les TE2, les TE1, etc.), de vous procurer des kits d'essai et de ne pas vous lancer dans l'achat d'un « pack de la naissance à la propreté » sans avoir testé la marque avant.

QUESTIONS IMPORTANTES À SE POSER

- Quelles sont mes attentes par rapport aux couches lavables ?
- Puis-je utiliser le sèche-linge ou pas ?
- À quel moment commencer avec des couches lavables (à la naissance de Bébé ou plus tard) ?
- Est-ce que je souhaite des couches neuves ? Des couches d'occasion ? Des couches en location ?
- Est-ce que je souhaite une fabrication française ? Une marque écolo ? Une fabrication *made in India, made in China* ?...
- Est-ce que je souhaite faire appel à une marque spécialiste des couches lavables ou à une maman couseuse ?

Autres conseils importants avant de vous lancer : les premiers jours de Bébé, je vous recommande les couches en bambou, car elles sont plus absorbantes et évitent les fuites. N'utilisez pas de feuilles de protection tant que Bébé est exclusivement allaité, puisque ses selles sont liquides. Et si vous commencez avec les couches lavables dès la maternité, il est toujours bon d'avoir un petit paquet de couches jetables écologiques et biodégradables sous la main.

Voici un tableau (en page suivante) qui vous aidera à bien choisir entre couche lavable et couche jetable et à bien mesurer l'impact que cela a concrètement sur le plan écologique et sur la santé.

	COUCHES JETABLES	COUCHES LAVABLES
Nombre de couches à acheter	Entre 5 000 et 6 000, de la naissance à la propreté de Bébé	20 au maximum de la naissance à la propreté de Bébé
Coût	De 1 000 à 2 000 euros	Entre 400 et 600 euros selon les marques
Impact sur l'environnement	• 23 400 litres d'eau pour la production • 1 000 kg de déchets • 5 siècles pour être dégradées • Produits chimiques qui entrent dans leur composition : dioxine, PCB, gels pour l'absorption, parfums de synthèse, etc.	• 4 kg de matières premières • Entre 20 et 30 couches utilisées • Réutilisables pour les autres enfants • Réparables • Revendables • Consomment trois fois moins d'énergie • Consomment deux fois moins d'eau • 6 mois pour être dégradées • Aucune substance toxique
Impact sur la peau de bébé	Érythèmes fessiers possibles	La peau de Bébé est préservée grâce aux matières naturelles des couches : coton, bambou, etc., ou des matières respirantes.
Fréquence du change	Entre 2 et 4 heures ou même plus longtemps grâce aux gels d'absorption (attention chimie en vue)	Entre 2 et 4 heures avec la possibilité d'augmenter le niveau d'absorption (avec des boosters)
Facilité d'utilisation	Rien à faire à part les jeter à la poubelle (mais déchets +++)	Un peu d'organisation : seau pour stocker les couches sales, le lavage tous les deux ou trois jours, et un petit décrassage de temps en temps
Matériaux de fabrication	• Plastiques, gels d'absorption, dioxine • Pour la version « jetable écologique » : cellulose naturelle certifiée FSC (en provenance de forêts bien gérées) et TSC (non blanchie au chlore)	Des matières naturelles ! Du coton, du coton bio, du bambou, de la microfibre, du chanvre, etc.
Lessive	Aucune !	Bien choisir une lessive écologique et sans phosphates, pour un coût d'environ 150 euros de la naissance à la propreté

MODE D'EMPLOI DES COUCHES LAVABLES

Que faut-il acheter ?

Pour une utilisation à temps plein, il est recommandé d'avoir :

- un minimum de 16 couches et 4 culottes imperméables si vous optez pour les couches lavables classiques. Si vous optez pour un modèle TE1 (tout en un), comptez un minimum de 20 couches ;
- des inserts supplémentaires pour la nuit ou les siestes, appelés aussi « boosters » ;
- des rouleaux de feuilles de protection (blanchies à l'oxygène et 100 % compostables : www.popolini.com ou en vente sur les sites des marques de couches lavables) ;
- un seau avec un couvercle pour le stockage des couches sales – pas plus de deux ou trois jours de stockage avant le lavage ;
- de l'huile essentielle d'arbre à thé (mettre quelques gouttes dans le seau de trempage des couches sales, cette huile esssentielle a des propriétés antibactériennes et anti-infectieuses) ;
- un sac à couches à emporter pour stocker les couches sales avant de pouvoir les mettre dans le seau.

Comment rendre ses couches lavables bien absorbantes et durables

Avant toute utilisation, il est nécessaire de les laisser tremper toute une nuit dans l'eau froide (12 heures au minimum), puis d'attendre deux ou trois lavages pour les laisser atteindre un bon niveau d'absorption – c'est le même principe que les serviettes de toilette neuves. La couche n'atteindra sa capacité maximale d'absorption qu'après plusieurs lavages. Si vous trouvez que les couches sont moins absorbantes avec le temps ou encrassées, lavez-les à 60 °C sans lessive et avec une petite cuillère de cristaux de soude dans le tambour de la machine à laver.

QUELQUES CONSEILS PRÉCIEUX

- L'utilisation du liniment oléocalcaire peut encrasser les couches si vous n'utilisez pas le voile de protection ; cela dit, j'ai toujours utilisé le liniment oléocalcaire pour le change et je n'ai pas eu de soucis avec les couches, cela doit être une question de dosage.

- Attention à ne pas utiliser de crème pour le change trop grasse, préférez l'utilisation d'une pâte à l'argile verte (une pâte également magique contre les engorgements mammaires pendant l'allaitement).

- Pour éviter les mauvaises odeurs, stockez les couches lavables sales à sec dans un seau dédié et vous pouvez ajouter quelques gouttes d'huile essentielle d'arbre à thé ou de lavande vraie. J'aime bien aussi l'odeur de l'huile essentielle d'orange douce.

- Ne stockez pas les couches lavables souillées plus de trois jours.

DES COUCHES LAVABLES, OUI MAIS LESQUELLES ?

Pas toujours facile de s'y retrouver ! Il y a les couches à recouvrir d'une culotte d'étanchéité et les couches intégrales ou TE1 (tout en un), qui cumulent les deux fonctions, l'absorption et l'étanchéité.

Les couches intégrales ou TE1

Les TE1 sont des couches qui se présentent exactement comme les couches jetables et qui s'utilisent comme des couches jetables, à la différence près que l'on met la couche sale au lavage au lieu de la jeter à la poubelle lors du change.

LES MARQUES

- Bambino Mio : pour moi, c'est la marque pionnière des couches lavables, depuis le début de mon aventure de maman nature et qui me suit depuis !
- Mon petit paquet : en version TE1 ou TE2, les premières couches lavables de fabrication 100 % française avec tous les accessoires qui vont avec !
- Close Pop-In bambou : naturellement antibactérien, le bambou respecte la peau fragile des bébés et convient particulièrement aux nouveau-nés.

Personnellement, j'utilise les couches de la marque Bambino Mio, marque que j'utilisais déjà pour mon troisième enfant en 2006. Le système a évolué et les couches lavables TE1 de cette marque sont parfaites : pratiques, superjolies et simplissimes d'utilisation… Comme une couche jetable, le lavage et la réutilisation en plus !

Témoignage de Guy Schanschieff, créateur de la marque Bambino Mio

« Notre marque, Bambino Mio, repose sur des principes de qualité, de praticité, d'accessibilité, de style, de confort et d'un excellent rapport qualité-prix. Nous nous engageons à développer des produits qui sont meilleurs pour les parents, pour Bébé et pour l'environnement. Notre but est de proposer un service client supérieur et

une expérience produit pratique, pour permettre à nos clients de se concentrer sur les joies de la parentalité.

« Tout a commencé en 1991, lorsque ma femme Jo et moi étions en voyage en Inde et que nous avons rencontré un Américain au Taj Mahal. Nous avons dîné avec lui et il nous a parlé d'un service de blanchisserie pour couches lavables qu'il proposait à New York, et c'est de là qu'est venue l'idée.

« De retour en Angleterre, Jo et moi avons mis en place un service de blanchisserie pour couches lavables depuis chez nous, à Northampton, et bien que le succès ne fût pas au rendez-vous, nous étions convaincus que nous étions sur la bonne voie avec les couches lavables. Il devenait évident que les couches lavables gagnaient en popularité, alors que la demande pour un service de blanchisserie de couches lavables était faible, car les parents réalisaient vite qu'il était facile et plus économique de laver les couches soi-même. Dès lors, en 1997, Jo et moi avons commencé à vendre par correspondance des couches lavables et produits associés et, depuis, Bambino Mio s'est imposée comme l'une des plus grandes marques de couches lavables à travers le monde.

« Plus de 20 ans plus tard, Jo et moi sommes toujours à la tête de Bambino Mio, au cœur de la campagne anglaise, dans la région du Northamptonshire, mais il s'agit maintenant de la marque de couches lavables la plus accessible dans le monde. Nos produits sont disponibles dans plus de 50 pays à travers le monde et ont reçu plus de 60 récompenses, de prix du jury à prix de consommateurs. Bambino Mio s'est agrandie, mais l'objectif principal est toujours le même, faire des couches lavables un produit accessible à travers le monde. »

Pour acheter et avoir de bons conseils, n'hésitez pas à consulter le site internet de la marque : www.bambinomio.fr

CONNAISSEZ-VOUS LES « MAMANS COUSEUSES » ?

Les « mamans couseuses » sont des femmes qui se sont lancées dans la fabrication maison des couches lavables. Elles font des petites séries, elles peuvent faire des commandes personnalisées…, mais leur délai de fabrication est plus long et c'est souvent plus cher. Il y en avait beaucoup sur le marché il y a 12 ans et maintenant, il est plus difficile de les trouver. Elles s'appellent Fleur de Mai, Mon bébé doux, etc.

Du tissu pour couches lavables, un patron de couture et vous n'avez plus qu'à vous lancer : https://www.cousubio.com/post/tuto-et-patron-couche-lavable-te1 !

Les couches TE2 et TE3

TE2 = culotte + couche (lange ou insert)

Les TE2 sont des culottes imperméables sur ou dans lesquelles on vient poser la partie couche, soit un lange plié, soit un insert lavable. Quand la couche est sale, on retire le lange ou l'insert souillé, on nettoie d'un coup d'éponge le revêtement étanche de la couche, c'est-à-dire la culotte, et on remet un lange ou un insert propre. Cette solution est plutôt économique.

- Un lange à plier

Pourquoi, alors qu'il existe des systèmes plus pratiques ? Parce que le lange est un système très adapté aux tout petits nourrissons ; il est moins épais qu'une couche classique et très économique ! Le pliage n'est pas complexe et, pour plus de praticité, on peut plier ses langes à l'avance !

- Les couches évolutives

Comme leur nom l'indique, elles sont évolutives ! C'est-à-dire que vous gardez les mêmes couches pour votre bébé de la naissance (3 kg) à la propreté (16 kg).

Deux systèmes de fermeture existent :
- la couche à pressions qui se ferme… par pressions ;
- la couche à nouer, sans élastique sur les côtés, qui se ferme simplement sur le devant par un lien ; c'est une alternative très économique à la couche à pressions !

LES MARQUES POUR DES COUCHES TE2

- ApiAfrique : ce sont des couches fabriquées par des femmes au Sénégal. Elles sont écologiques et équitables.
- Popolini : ce sont des couches évolutives de 5 à 14 kg dans lesquelles il faut ajouter une surcouche imperméable.
- Bamboolik : la marque tchèque de deux mamans. Ce sont des couches classiques à poche (à insert), allant de 5 kg à la propreté.
- Lulu Nature : couches évolutives classiques fabriquées en Vendée.
- Uni'vert Famille : Langeline, une petite couche sarthoise conçue et fabriquée dans la Sarthe, à scratchs ou à pressions, et évolutive de 4 à 17 kg avec un insert en coton bio.

EN SAVOIR PLUS SUR APINAPI ET APIAFRIQUE

En 2010, Marina et Jeanne-Aurélie fondent ApiNapi pour promouvoir les couches lavables et les produits durables et respectueux de l'environnement… Et, surtout, elles forment une équipe de « superdiplômées » en couches lavables qui guide les familles et les professionnels dans la jungle des consommables lavables et écolos, à travers le réseau Nappy Angel (qui propose des ateliers de démonstration et la location de couches lavables). Il y a quelques années, elles ont créé ApiAfrique pour fabriquer des produits innovants pour l'hygiène des femmes et des bébés de manière éthique au Sénégal, tout en apportant un impact positif pour « changer » le monde : réduire les déchets, préserver la santé et favoriser l'« empowerment » féminin.

La couche lavable ApiAfrique se compose de deux éléments : une culotte imperméable et respirante qui ferme avec des pressions et un insert absorbant ultradoux.

Témoignage de Jeanne-Aurélie Delaunay, cocréatrice de ApiAfrique et ApiNapi

« Les parents s'inquiètent de ce qu'ils mettent sur les fesses de leur bébé, ils veulent une alternative aux couches jetables. ApiNapi ne fait pas de vente en ligne directement, mais noue des partenariats, comme avec Maman naturelle. Pour bien utiliser les couches lavables, il faut parler aux gens, conseiller les familles.

« Je veux aussi ajouter qu'il faut relativiser : ce ne sont que des couches ! Il ne faut pas se prendre la tête, rester humble et se faire accompagner. Ne vous perdez pas dans les groupes sur internet. Il ne faut pas se mettre la pression. Quand on se lance dans l'aventure des

couches lavables, il faut essayer et ne pas acheter des lots complets, car on ne consomme pas des couches comme des vêtements. »

Pour plus d'informations sur ces deux sociétés et l'ensemble de leurs activités, n'hésitez pas à consulter les sites internet suivants : www.apinapi.org et www.apiafrique.com

LES « VRAIES » BOUTIQUES DE COUCHES LAVABLES

- www.leculdanslherbe.fr, à Nantes
- www.bebeosec.fr, à Caen

Les couches TE3, avec un berceau intermédiaire

Les TE3 sont des culottes en tissu avec un berceau étanche dans lequel on glisse un insert absorbant lavable ou jetable, au choix. Ce système de change n'est pas vraiment zéro déchet si vous optez pour l'insert jetable (que l'on ne présente pas ici), mais il y a des TE3 très bien et totalement zéro déchet qui sont 100 % modulables.

LES MARQUES POUR DES COUCHES TE3

- Floriza : couches fabriquées en Normandie.
- Hamac : une partie des couches sont fabriquées en France.
- Doujan : les couches sont en éponge biologique, sauf la surcouche imperméable.
- Disana : la matière souple en tricot rend la couche élastique de sorte qu'elle épouse parfaitement le corps de Bébé sans le serrer ou le gêner dans ses mouvements.

Pour la partie culotte de protection, j'ai vraiment du mal avec les culottes « plastifiées » en polyurethane laminé, ou PUL, un tissu doux, flexible, résistant et imperméable. Je vous conseille le pantalon de protection en laine !

Le « longui » ou le « shorty » de Josylaine sont des protections idéales pour mettre par-dessus les couches classiques ou les langes. Tricotés à la main avec de la laine vierge, ces pantalons sont naturellement imperméables et n'ont donc pas besoin de bain de lanoline. Ils offrent une protection étanche très efficace pour vos couches classiques de jour ou de nuit. Très respirante, la laine vierge est idéale pour les peaux fragiles. Ils sont en vente en ligne sur www.leculdanslherbe.fr, mais vous pouvez aussi demander à Mamie de le tricoter pour Bébé !

ATTENTION

Toutes ces couches nécessitent l'utilisation d'une culotte pour assurer l'étanchéité du système ! Deux tailles de culottes existent selon le poids du bébé ! Vous pouvez aussi utiliser une culotte en laine naturellement étanche.

À TOUJOURS AVOIR SOUS LA MAIN…

… des couches jetables, écologiques et biodégradables au maximum !

La marque Love & Green a lancé « Change Now ! », les couches les plus écolos que vous pouvez trouver sur le marché des couches jetables écologiques en France !

« Change Now ! » offre une nouvelle gamme de produits qui va encore plus loin dans la naturalité : la cellulose certifiée FSC n'est pas blanchie. Elle garde sa couleur bois, ce qui est une première dans le domaine de la fabrication de couches jetables. Les voiles et les barrières en contact avec la peau sont entièrement d'origine naturelle, fabriqués avec de l'amidon de maïs, de canne à sucre, de betterave et de pomme de terre, et les microbilles absorbantes sont constituées de 50 % d'ingrédients d'origine naturelle. Ce sont des couches naturellement engagées qui luttent activement contre la pétrochimie et les déchets plastiques.

« Change Now ! » aide et soutient les actions de Surfrider Foundation Europe qui partage le combat contre le plastique. Une référence dans le combat pour la protection de l'océan et ses usagers.

LA LOCATION DES COUCHES LAVABLES

Sur chaque site de location ci-après, vous trouverez plein d'informations pour l'utilisation et l'entretien des couches lavables de votre bébé.

www.mapetitecouche.fr

Suivant le choix des créateurs de l'entreprise, ce site ne propose qu'une seule marque de couches, Hamac, une couche française, durable et réparable. Deux possibilités : la première est la location simple, disponible dans toute la France, à partir de 25 euros par mois. La seconde solution est la location incluant le lavage des couches, qui n'est pour le moment que disponible pour une toute petite partie de l'Île-de-France.

Témoignage d'Antoine de Chambost, cocréateur de Ma petite couche

Antoine est un papa de 5 enfants de 10 ans à 4 mois. En tant que père, dans un premier temps, il a essayé les couches lavables, puis a abandonné. Puis il a de nouveau réfléchi au concept des couches lavables en 2016 avec un autre papa, Philippe Gaillard, qui faisait du coworking avec lui et qui est depuis devenu son associé. Ils ont en effet lancé ensemble Ma petite couche en septembre 2017.

« Il y a des préjugés à lever pour que les parents passent vraiment aux couches lavables : difficultés d'utilisation, chronophage pour l'entretien des couches lavables, pas envie de faire des lessives pour changer bébé, etc.

« C'est pour cela que l'entreprise propose deux formules possibles : la location d'un pack de couches lavables, que l'on peut louer dans toute la France, avec des couches de la marque Hamac pour 25 euros pour le coffret découverte. Vous recevez 7 couches complètes (couches avec insert) et 7 inserts supplémentaires. Le modèle classique de collectivité de la marque Hamac pour leur durabilité.

« Et puis Ma petite couche propose aussi un service qui lève le frein du lavage des couches avec un service qui vient récupérer les couches sales, les lave en blanchisserie avec un protocole spécifique et respectueux de la peau de Bébé et de l'environnement, puis les livre à domicile. Tout cela pour 44 euros par mois.

« Pour le moment, le service de lavage n'est que pour les chanceux, une petite partie de Paris (15e, 16e) et du sud-ouest des Hauts-de-Seine (Issy-les-Moulineaux, Boulogne, Vanves, Montrouge, Malakoff) et compte une cinquantaine d'utilisateurs.

« Le petit plus que propose Ma petite couche est que l'on peut changer de taille de couches et que dans un pack, on met une couche déjà plus grande à tester.

« Les couches lavables que l'on propose à la location sont respectueuses de l'environnement, le lavage aussi, car on préserve les ressources, la santé de Bébé et même nos couches lavables sont durables. On préserve nos ressources et nos couches. On ne propose qu'un choix de marque avec Hamac car on a misé sur le made in *France, le haut de gamme, le réparable et donc l'ultradurable.*

« Nous ne demandons pas de caution pour la location de nos couches, on compte sur la confiance de nos clients et en deux ans, nous n'avons eu aucun souci à part un petit coup de stylo sur l'une des couches et une autre fois, une couche trop chauffée au sèche-linge. »

MON AVIS

J'ai testé la location de Ma petite couche !

Les couches peuvent être neuves, mais c'est plus l'exception que la règle. Il s'agit bien de réutiliser au maximum les couches textiles pour « amortir » la consommation des ressources lors de leur fabrication. Les couches sont placées dans une famille puis, lors du retour, elles sont systématiquement nettoyées et détachées, remises en état si nécessaire puis réexpédiées vers une nouvelle famille.

Lorsque les couches ne sont plus réparables ou suffisamment présentables pour les abonnés, au bout de 2 à 3 ans, elles peuvent être données à des organisations caritatives ou servir pour la fabrication d'isolants (*cf.* Le Relais, le leader de la collecte, du tri et de la valorisation des textiles d'habillement, du linge de maison et des chaussures en France).

J'ai testé le « coffret découverte » avec 7 couches : 5 de jour et 2 de nuit. Le suivi du service client a été au top, j'ai pu poser des questions par e-mail et j'ai renvoyé les couches après mes deux mois de test. J'ai trouvé les couches Hamac très bien pour la nuit. Pour le jour, je les ai trouvées un peu trop encombrantes pour le petit popotin de Bébé, mais ces couches ont une très grande technicité et ce sont celles qui sont aussi utilisées en collectivité. Vous pouvez changer la taille des couches sans changement de votre abonnement mensuel quand Bébé grandit.

Mon petit bémol : le sac de stockage des couches en plastique, mais il a le mérite d'être vraiment étanche, prêt à embarquer sur un bateau !

Le petit plus : vous pouvez racheter votre coffret découverte ou les couches à l'unité...

www.locacouche.com

Ce site propose la location dans toute la France, mais avec une caution de 300 euros. Plusieurs marques sont disponibles : Hamac, Bambino Mio, Fleur de mai, etc.

www.leculdanslherbe.fr

« La boutique du popo écolo. Des couches et des protections féminines réutilisables, mais aussi tous les bons conseils pour passer au lavable en toute simplicité. »

Le cul dans l'herbe est un blog et une boutique en ligne de couches lavables. C'est aussi une vraie enseigne basée à Nantes et proposant un service de location de couches pour les résidents nantais, ainsi que des ateliers de conseils !

Margaux propose des kits de location entre 35 euros par mois pour un « kit mi-temps » et 60 euros par mois pour un « kit plein-temps ». Le cul dans l'herbe ne propose la location qu'à Nantes, car il faut aller récupérer son kit à la boutique. Vous pouvez aussi y revendre les couches lavables de votre bébé quand il est propre.

Témoignage de Margaux

« Il y a autant de parents que de couches lavables. Si on ne mettait rien qu'une seule couche lavable par semaine à son enfant de sa naissance à la propreté, on économise 900 couches jetables. Les parents ont souvent peur d'un manque de temps pour l'utilisation des couches lavables, mais je propose qu'ils ne mettent leur bébé en couche lavable que le samedi ou le dimanche.

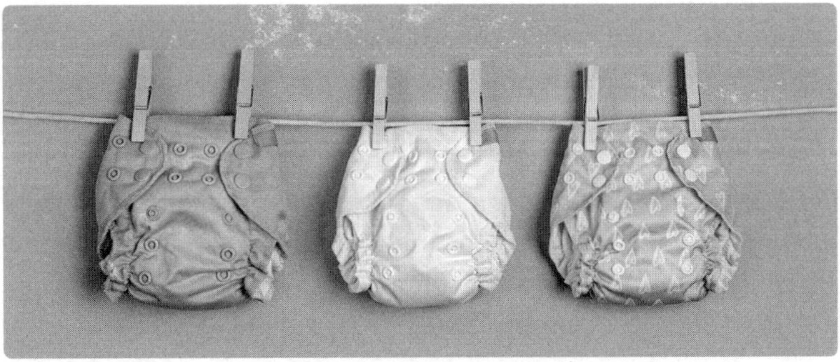

« Le plus de ma boutique et du réseau dont je fais partie, Nappy Angel, est d'accompagner pleinement les parents sur le chemin des couches lavables : comment composer un lot de couches ? Comment bien choisir les couches d'occasion ? Comment faire avec un petit

> *budget pour se lancer dans les couches lavables ? Je suis fan des couches en laine vierge, de la version lange des grands-mères que l'on plie comme un insert. J'aime le côté très naturel, très écologique. J'aime les marques éthiques et les matières respectueuses de la peau des bébés. »*

LES CLÉS DE LA LOCATION POUR LE CUL DANS L'HERBE

Le principe est simple, vous louez un set de 10 ou 20 changes pour tester les couches lavables au calme à la maison et sans pression. C'est un bon moyen de savoir si oui ou non vous êtes prêt à passer le cap. Mais pas seulement...

Ça sert aussi à :

- tester les différents systèmes pour voir avec lesquels on est le plus à l'aise ;
- une fois qu'on maîtrise, montrer à son/sa conjoint(e) réticent(e) à quel point c'est facile et amusant ;
- découvrir et intégrer l'entretien des couches dans sa routine quotidienne ;
- voir comment réagit chaque matière d'insert (bambou, coton bio, chanvre, microfibre, etc.) dans son environnement ;
- tomber amoureux d'un modèle ;
- se rendre compte qu'un autre ne convient pas à la morphologie de bébé. C'est l'étape qui probablement vous aidera à faire votre choix.

Pour vous lancer et avoir plus d'informations dans la région de Nantes : hello@leculdanslherbe.fr

www.hipopo.fr

HiPopo propose une offre de location de couches lavables (de la marque Hamac) qui s'adapte aux besoins des parents. Pour choisir ce qui est le plus adapté pour vous, l'entreprise bordelaise vous invite à les contacter directement.

www.bebeosec.fr

Située à Caen, BébéO'Sec est une autre boutique de location offrant la possibilité de location avec lavage des couches lavables. Chaque semaine, BébéO'Sec met à votre disposition le nombre de couches souhaitées. Un sac de couches sales contre un sac de couches propres. Les couches sont prêtes à l'emploi ; vous utilisez la couche lavable comme une jetable.

Témoignage de Mélanie et Astrid, créatrices de la boutique BébéO'Sec

« On voulait monter quelque chose toutes les deux. J'ai une fille de 6 ans et quand celle-ci était bébé, j'avais participé à un atelier sur les couches lavables, mais il fallait commander par internet. On a commencé notre projet en janvier 2019 et la boutique a démarré le 25 octobre 2019, neuf mois plus tard. L'idée est de proposer des couches lavables à l'achat, des couches lavables à la location et même un service de lavage des couches lavables. On a aussi des produits zéro déchet : savons solides, cups, culottes menstruelles, dentifrice solide, cotons lavables…

« Pour la location de 56 couches par semaine avec le lavage compris, il faut compter 138 euros par mois. Pour louer 24 couches lavage compris, il faut débourser 72 euros. En location, on travaille avec la marque Hamac, mais on peut aussi faire à la demande des clients, comme avec la marque Floriza, une petite marque locale

de Caumont-l'Éventé (Caumont-sur-Aure)... mais elles mettent plus longtemps à sécher, donc cela reste occasionnel. La vente en ligne va bientôt être possible ! »

www.popopidoux.fr

Hélène Verdier a créé Popopidoux en septembre 2019. En plus d'un service de conseil et d'accompagnement personnalisé autour des couches lavables, Popopidoux propose aux jeunes parents la location de couches lavables à la carte, leur permettant de choisir, de tester, d'échanger avant d'acheter un lot de couches qui leur conviendront vraiment.

Pour rendre l'utilisation des couches lavables accessible et facile, Popopidoux propose plusieurs services : la location, l'accompagnement, et prochainement la vente d'occasion.

Vous pouvez choisir des packs de couches en location TE1 ou TE2, ou même la location de couches à l'unité. Les marques au choix : Bambino Mio, Petit Lulu, Hamac, Best Bottom Diapers, Close, Couds de Cœur... Pour les ateliers, ça se passe en groupe dans des lieux dédiés à la parentalité ou à domicile. Basé à Angers, Popopidoux a un point relais en centre-ville, mais propose la location des couches dans toute la France.

www.univertfamille.fr

C'est la dernière petite création dans l'univers de la couche lavable. Des couches lavables bio fabriquées dans la Sarthe, un site en ligne, une boutique au Mans, des ateliers d'accompagnement pour les parents autour du thème du zéro déchet pour les bébés, les mamans et la maison... Sans oublier le service de location des couches lavables, pour 15 jours à 35 euros, pour un mois avec une vingtaine de changes à 60 euros, ou encore une location longue durée à 45 euros par mois pour deux mois.

L'ESPACE CHANGE D'UN BÉBÉ ZÉRO DÉCHET

Vous allez changer Bébé de nombreuses fois chaque jour dès la naissance et jusqu'à la propreté. Il est donc important d'avoir un coin change nomade à avoir avec soi tout le temps pour changer Bébé dans toutes les conditions, mais dans son petit cocon… sans pour autant oublier son petit confort de bébé zéro déchet !

SHOPPING 100 % BÉBÉ ZÉRO DÉCHET

- 1 peau d'agneau comme tapis de change, naturellement autonettoyante
- 1 lange d'emmaillotage, qui fait aussi office de protection pour le tapis de change
- 1 couche lavable TE1, TE2 ou TE3
- 1 voile de protection en cellulose et/ou un voile en polaire
- Du liniment oléocalcaire
- Des lingettes lavables en coton bio ou en chanvre ou 1 petite éponge naturelle si vous voulez nettoyer les fesses de Bébé à l'eau
- 1 sac étanche pour stocker les couches et les lingettes souillées

Pour changer Bébé, vous devez absolument avoir des lingettes lavables ou au minimum des lingettes jetables écologiques. Voici mes marques préférées pour vous aider à vous y retrouver et à choisir ce qui convient le mieux à votre façon de changer votre bébé.

MES MARQUES PRÉFÉRÉES DE LINGETTES LAVABLES

- Les Tendances d'Emma
- Doujañ
- Bambino Mio
- ApiAfrique
- Aile à Fée, créatrice de lingettes en coton et éponge de bambou

MES MARQUES PRÉFÉRÉES DE LINGETTES JETABLES ÉCOLOS

- Love & Green propose des lingettes hypoallergéniques en fibres 100 % naturelles à la fleur d'oranger bio. Des lingettes apaisantes pour Bébé et à l'odeur délicieuse. Bien sûr... sans aucun ingrédient indésirable.

- Laboratoire Gifrer propose aussi des lingettes 100 % cellulose à l'eau thermale. Cette nouvelle génération de lingettes est composée à 99,7 % d'ingrédients d'origine naturelle. Elles sont biodégradables et peuvent se jeter directement dans les toilettes. La biodégradabilité est la décomposition de matières organiques par des micro-organismes comme les bactéries, les champignons ou les algues. La dispersibilité dans l'eau se fait grâce au support en cellulose qui se dissout facilement dans l'eau.

- WaterWipes a créé les lingettes les plus pures au monde car composées de 99,9 % d'eau et d'une goutte d'extrait de fruit !

POUR LA LESSIVE, C'EST DU « SANS ENZYMES » !

Les lessives sans enzymes ont moins de risques d'irriter la peau. Les enzymes, les azurants optiques et les parfums synthétiques que l'on trouve dans les lessives avec enzymes sont utilisés pour accélérer la réaction chimique et le nettoyage des taches, faire apparaître le blanc plus blanc et parfumer le tissu. Cependant, ces dernières peuvent rester dans les fibres après le lavage, ce qui peut causer des irritations et parfois une réaction allergique. Si votre bébé a la peau particulièrement sensible, il vous faudra peut-être rincer vos couches plusieurs fois pour retirer toutes les traces d'azurant et de parfum, ou opter pour une lessive sans enzymes.

Les lessives sans enzymes ne sont pas toutes identiques. Certes, elles servent toutes à laver les vêtements, mais chaque marque est différente. Certaines ont les moyens de produire des tonnages importants de lessive à meilleur prix, ce qui ne veut pas forcément dire que le meilleur résultat est obtenu par une grande marque. Dans le cas des couches lavables, des produits plus spécialisés peuvent donner un meilleur résultat, avec une meilleure absorption et moins d'irritation pour la peau de Bébé, tout en lavant de façon très efficace.

LES LESSIVES RECOMMANDÉES

La marque Bambino Mio propose sa lessive écologique Miocare, idéale pour la peau sensible des bébés et permettant aussi de laver efficacement à basse température.

Quant à la marque Ma petite couche, elle recommande, dans le livret qui accompagne les couches livrées, les lessives suivantes : Apta écologique en poudre, Biocoop liquide, Body Nature, Ecodoo liquide concentrée lavande (pas au savon de Marseille), Nuncas liquide, Potion en poudre, Rainett liquide ou en poudre, Soapix en poudre, U Écologique en poudre... et la lessive maison au lierre.

QUELQUES LESSIVES À ÉVITER

Parmi les lessives écologiques et naturelles, il y a des marques déconseillées car elles encrassent les couches lavables et réduisent leur durée de vie : Arbre Vert, Biovie, Carrefour EcoPlanet, Ecover, Etamine du Lys, La Vie Claire, La Droguerie écologique... Ainsi que les noix de lavage (bonnes pour laver le linge, mais pas les couches, donc) et le savon de Marseille en paillettes.

Et pour aller plus loin, voici une recette pour une lessive maison à base de savon de Marseille en copeaux :

LESSIVE MAISON

Ingrédients pour 1 l d'eau :

- 75 g de savon de Marseille en copeaux (vert et sans glycérine ajoutée)
- 75 g de cristaux de soude
- 3 cuillerées à soupe de bicarbonate de soude
- Quelques gouttes d'huile essentielle de tea tree ou d'orange douce

✂ Faites chauffer l'eau.

✂ Versez les copeaux de savon de Marseille puis remuez.

→

- Une fois les copeaux fondus, versez les cristaux de soude, puis le bicarbonate de soude.

- Laissez reposer la nuit.

- Le lendemain matin, mixez avec un mixeur plongeur (ajouter un peu d'eau si nécessaire pendant le mixage pour plus d'homogénéité, ou pour qu'elle soit liquide comme vous le souhaitez).

- Versez les gouttes d'huile essentielle (ou de fragrance naturelle).

Conservez dans une bouteille ou un pot (se conserve 1 mois au maximum).

Dosages :

- machine de 4 à 6 kg : 50 ml ;
- machine de 7 à 10 kg : 80 ml ;
- machine de 11 à 13 kg : 120 ml.

Baissez ou augmentez les doses en fonction du calcaire, de la saleté et de la dureté de l'eau.

Et vous pouvez booster la lessive avec 1 à 2 cuillerées à soupe de percarbonate pour le linge très sale ou blanc.

BÉBÉ ZÉRO, BÉBÉ SLOW

Le pur zéro déchet avec l'hygiène naturelle infantile

Pour les parents qui veulent un bébé qui se passe totalement de couches pour être dans le zéro déchet à 1 000 % !

Et si vous aussi passiez à l'HNI (hygiène naturelle infantile) ? Avoir un bébé sans couche, c'est être un parent à la pratique écologique poussée jusqu'au bout.

L'HNI consiste à observer les réactions du bébé juste avant qu'il fasse ses besoins naturels, pour détecter les signes annonciateurs du pipi ou du caca de Bébé. Cela requiert de pouvoir être auprès de son bébé 24 heures sur 24, d'être dans le maternage et le paternage intensifs, pour permettre à Bébé de se soulager dans un petit pot, dans le lavabo, une baignoire ou dans l'herbe… et d'avoir Bébé en cododo la nuit pour répondre à ses envies de pipi ! Il faut communiquer sans cesse avec lui par signes ou petits bruitages pour anticiper au maximum.

Cette pratique demande un investissement familial qui pousse la pratique du maternage proximal et du continuum au summum de cet art parental.

Témoignage de Laurence

« Bébé a été propre de jour comme de nuit à 16 mois. Au début, il faut connaître sa routine (de Bébé) et ses signes avant-coureurs, mais après, il s'instaure une connexion entre le parent et l'enfant et c'est magique. Vous pensez pipi, vous l'emmenez au-dessus de l'évier et il fait pipi ! Il faut juste apprendre à faire autre chose tout

en restant connecté. Ça fonctionne aussi avec les tontons, tatas, grands-pères, grands-mères… tout le monde qui réussit à être en conscience auprès du bébé.

« Le cododo est obligatoire selon moi car pipi et tétée sont fréquents. Il faut se réveiller rapidement pour ne pas rater le pipi. En tout cas, la chambre à part n'est pas possible. Au début, je me levais, j'avais installé une veilleuse dans la salle de bains et il faisait pipi dans l'évier pendant qu'il tétait dans mes bras, puis cette acrobatie m'a fatiguée, je n'arrivais plus à me rendormir. Le mieux pour nous, c'est devenu la veilleuse dans la chambre, la baignoire Shantala à côté du lit, Bébé en pyjama deux pièces, une pile de serviettes de toilette en cas de raté, et une petite serviette toute douce pour essuyer les gouttelettes qui peuvent couler sur les fesses…

« Bébé se rendort immédiatement chez nous. Je me rallonge sur le côté, il tète et on se rendort en deux minutes top chrono. »

Témoignage de Stéphanie, maman d'une petite fille de 7 mois

« C'est le papa qui a commencé un peu au hasard quand notre fille avait l'air agitée (et seulement le soir quand il rentrait du boulot)… parfois ça marchait, parfois pas ! Moi j'ai commencé un peu plus tard, vers 1 mois et demi, quand j'ai capté que chaque fois qu'elle pleurait dans l'écharpe, c'était à cause d'un pipi. Il faut juste un récipient, mais vu que le lavabo peut faire l'affaire, ça n'en fait pas un matériel indispensable. Et des langes ou morceaux de tissu pour protéger transat, pouf, tapis… Je me suis sentie à l'aise avec l'HNI quand Bébé a eu 3 mois.

« En pratique, il faut surveiller Bébé tout le temps, ça aide pas mal. Nous n'avons pas eu trop le choix, elle avait besoin d'un

contact quasi-permanent (et même encore à 7 mois, elle ne reste pas très longtemps à jouer toute seule). À 7 mois, il faut compter une dizaine de pipis par jour.

« Pour les signes annonciateurs de ses besoins ? Elle fait un son particulier pour nous prévenir, et maintenant soit elle marche à la suggestion (en prévision d'un trajet), soit elle râle carrément et pas de doute possible.

« Pour la nuit, pour nous c'est cododo obligatoire, même cododo très proximal ! Si elle n'est pas contre nous, on se réveille moins vite, donc parfois trop tard. On se lève, pour s'asseoir au bord du lit (on a un pot par terre). Elle se rendort très facilement, et bien souvent elle n'ouvre pas les yeux (mais a besoin d'être au sein pendant le déplacement). »

Témoignage de Marie, maman de Lucas

« Mon fils faisait ses besoins à chaque fois que je mettais une couche propre sous ses fesses. Ça s'est donc imposé naturellement et le papa a été partant tout de suite. On a débuté quand bébé a eu 1 mois. Le papa et moi-même avons alors changé de méthode : on tenait Lucas au-dessus du lavabo, à côté de la table à langer, puis une fois les besoins faits, on remettait une couche propre. Petit à petit, quand je voyais que Lucas voulait faire caca, je faisais pareil. Et puis vers 2 mois, j'ai découvert que cette pratique avait un nom : l'hygiène naturelle infantile, et qu'on pouvait faire pareil pour les pipis. J'ai gardé les couches et essayé de "voir" les envies de pipi, mais je n'y arrivais pas. Et deux semaines plus tard, j'osai franchir LE pas : ôter les couches. À partir de ce moment-là, tout est devenu plus facile et ni le papa ni moi n'aurions voulu revenir en arrière. »

LE MATÉRIEL INDISPENSABLE POUR L'HYGIÈNE NATURELLE INFANTINE

Selon moi, il n'y a pas de matériel indispensable ! Il suffit de proposer à Bébé d'éliminer dans le lavabo ou dans les toilettes.

En revanche, il est quand même plus pratique d'avoir certaines choses :

- des turbulettes ouvertes en bas pour déshabiller Bébé rapidement ;
- une peau d'agneau pour poser Bébé dessus ;
- des jambières pour tenir Bébé au chaud même sans pantalon ;
- des pantalons fendus ou chinois pour quand Bébé commence à marcher à quatre pattes ou debout ;
- une grande bassine pour ne pas avoir besoin de se lever ou de viser la nuit, ou la baignoire Shantala.

CHAPITRE 8 MAMAN ZÉRO DÉCHET

Un bébé zéro déchet a forcément une maman zéro déchet ! La parentalité naturelle implique de réduire l'empreinte écologique de toute la famille.

Un courant antinatalité sévit pour le bien de la planète… Pour ma part, je trouve que c'est une solution qui va complètement à l'encontre de la liberté de chacun de faire des bébés, en mettant en avant la protection de la planète *versus* les bébés…, comme si l'on ne pouvait pas faire des enfants tout en étant responsable de la planète. Il suffit de vivre la parentalité et la maternité de la façon la plus naturelle qui soit et de réduire au maximum son empreinte écologique.

Après les couches lavables pour Bébé, les soins naturels pendant la grossesse, la puériculture minimaliste, l'alimentation bio et locale, le vrac dans la cuisine, il faut penser à la féminité zéro déchet. À vous les serviettes hygiéniques lavables, la coupe menstruelle, les huiles de soin pour votre peau, le flux menstruel libre, etc., tout cela à la fois, ou en optant simplement pour ce qui vous correspond le mieux.

LA CONTRACEPTION ZÉRO DÉCHET ET NATURELLE

La méthode « MAMA »

L'allaitement, tout naturel et sans déchet qu'il soit, ne protège pas la femme d'une nouvelle grossesse, à moins de suivre scrupuleusement les règles de la méthode « MAMA » : Méthode de l'allaitement maternel et de l'aménorrhée, qui repose sur le blocage de l'ovulation par la prolactine (hormone de la lactation).

Les 6 points de la méthode « MAMA » qui sont indissociables :

❶ l'allaitement se fait à la demande nuit et jour (au moins 6 à 10 fois par 24 heures) ;

❷ il ne doit pas y avoir plus de 6 heures entre les tétées ;

❸ on ne propose que du lait maternel : ni eau, ni diversification alimentaire ;

❹ il ne faut pas avoir eu son retour de couches (retour des règles) ;

❺ le lait doit être bu à la source sans biberon de lait artificiel ni tétine ;

❻ Bébé doit avoir moins de 6 mois.

Le + : 98 % de succès si toutes les conditions sont respectées. Cette méthode n'a aucun effet sur votre lactation et vous pouvez interrompre cette méthode quand vous le voulez.

Le - : difficile à tenir lors de la reprise du travail.

La méthode Billings

Cette méthode est un bon moyen de connaître son cycle féminin et de savoir si l'on est en période d'ovulation ou pas, mais cela ne protège pas d'une éventuelle grossesse, car on peut « tomber enceinte » à n'importe quel moment du cycle.

La méthode d'ovulation Billings a été découverte dans les années 1960-1970 par les Dr John et Evelyn Billings, médecins australiens, avec le concours des Pr James Brown, Henry Burger, et Erik Odelblad. Elle permet à la femme de connaître sa fécondité par l'observation de la glaire cervicale. Avec cette méthode parfaitement écologique, le couple apprend à connaître, prévoir et donc maîtriser sa fécondité. Il peut aussi bien différer la venue d'un enfant, par la continence (abstinence) périodique, que favoriser une conception.

Le Centre Billings France (CBF), fondé par René et Marie Sentis, a fait connaître en France cette méthode dans les années 1980.

Pour être fiable, la méthode doit être bien comprise. La plupart des femmes arrivent à tenir un tableau d'observations et à pratiquer la méthode sans difficulté. D'autres peuvent avoir besoin, pendant un certain de temps, d'un suivi régulier et personnalisé par une monitrice (par exemple pendant la période d'allaitement, après l'arrêt d'une pilule contraceptive, en périménopause ou en cas de certaines pathologies).

Lorsqu'elle est utilisée comme moyen de différer une grossesse, elle repose sur quatre enjeux (voir page suivante), qui sont enseignés par des moniteurs agréés. Faciles à mettre en œuvre, ils sont accessibles à toutes les femmes, puisque la méthode repose uniquement sur l'observation de symptômes qu'une femme voit et sent sur elle-même, ce qui est donc à la portée de toutes. La méthode est scientifiquement reconnue comme particulièrement fiable, avec un taux d'efficacité comparable à celui de la pilule (oscillant entre 97 et 100 % selon la manière dont la méthode a été enseignée).

❶ Certains couples peuvent éprouver des difficultés à accepter la discipline qu'impose cette méthode.

❷ Cette méthode est moins efficace si elle est employée seule comme méthode contraceptive.

❸ Il peut être difficile d'interpréter les changements de la glaire cervicale pendant les premiers cycles afin de déterminer la période de fertilité.

❹ Cette méthode peut être difficile à appliquer quand le cycle est perturbé : les premiers mois suivant un accouchement, pendant l'allaitement, après une fausse couche, à l'approche de la ménopause, après l'arrêt de contraception hormonale…

MON AVIS

Cette méthode est selon moi surtout un moyen incroyable pour comprendre le fonctionnement de son cycle et d'en prendre possession en y prêtant vraiment attention. La méthode Billings aide à reprendre possession de son corps, de son cycle, et de comprendre sa féminité. À vous d'en faire un moyen de connaissance de soi ou d'aller plus loin avec un accompagnement complet. C'est aussi très utile si l'on veut reconnaître ses moments d'ovulation, si l'on cherche à trouver les jours les plus favorables pour concevoir un bébé… Mais c'est beaucoup plus aléatoire pour éviter une grossesse.

#FÉMININSACRÉ, UN CONCEPT !

Un tas de livres sont parus ces dernières années prônant le concept du féminin sacré : *Les Pouvoirs du féminin sacré*[10], *Guérir son féminin*[11] ou encore *La Puissance du féminin*[12]...

Voici un extrait de l'article paru dans le magazine *FémininBio* en octobre 2018 : « On entend de plus en plus souvent parler de féminin sacré, sans vraiment en comprendre son application concrète au quotidien. Plus qu'une notion pourtant, il s'agit d'une "direction de vie" à suivre pour toucher à son essence la plus profonde, devenir enfin qui on est vraiment et marquer de son empreinte personnelle ce monde avec ce qu'on a de meilleur à donner ! [...]

« Quels que soient le sexe et l'orientation sexuelle, un principe féminin et un principe masculin constituent l'essence véritable de tout un chacun. [...]

« Le féminin est le royaume de la sensibilité, de l'intuition, de l'accueil et des inspirations : cultiver cette énergie en soi par le troisième œil aide à développer sa créativité pour formuler un concept, ou juste exprimer qui on est.

« L'énergie masculine, quant à elle, aide à matérialiser toutes les inspirations qui viennent, en encourageant à se placer au centre de ses ressentis, désirs et autres envies et en accédant à des modes d'application concrets pour les porter.

---

10. Lama Tsultrim Allione, *Les Pouvoirs du féminin sacré*, Le Jour, 2018.
11. Laurine Dessay, *Guérir son féminin*, La Vallée heureuse, 2018.
12. Camille Sfez, *La Puissance du féminin*, Leduc, 2018.

« L'association des deux s'appelle "la complétude", et c'est précisément elle qui aide à se réaliser, que ce soit dans sa vie professionnelle, sociale ou tout simplement personnelle. »

L'idée est d'explorer son féminin sacré : briser le tabou des règles, expérimenter la nudité auprès d'autres femmes, reconsidérer son utérus ou encore renouer avec sa nature cyclique, c'est-à-dire prendre conscience que les corps des femmes traversent plusieurs cycles hormonaux, qui correspondraient aux cycles de la lune, etc.

LES 7 AXES MAJEURS À TRAVAILLER POUR SON DÉVELOPPEMENT PERSONNEL[13]

- Le positionnement juste, en plaçant ses envies et ses désirs au centre de sa vie.

- La confiance en soi, en ayant un rapport à autrui d'égal à égal, donc en bannissant les rapports de force.

- L'affirmation de son pouvoir créateur, en se reconnectant à sa créativité personnelle et en osant la révéler à partir de ses talents naturels et de ses dons.

- L'amour de soi et d'autrui, en identifiant puis en affrontant sa blessure émotionnelle originelle, et en acceptant entièrement sa singularité.

- L'expression de soi, toujours en accord avec son cœur.

13. Source : Karine Micard, « Comment vivre la puissance du "féminin sacré" jour après jour », *in* femibio.com, octobre 2018.

- La conscience de soi, en se rappelant que l'on est plus qu'un corps, donc en tâchant de se reconnecter régulièrement à son essence lors de méditations.

- Et enfin l'accomplissement de soi ; en intégrant les six premières étapes et en les actionnant dans sa complétude, alors on accède à la réalisation pleine et entière de soi.

AVOIR DES RÈGLES RESPONSABLES ET ZÉRO DÉCHET

À SAVOIR

45 milliards de serviettes et tampons hygiéniques sont consommés chaque année dans le monde. Il faut en moyenne 500 ans pour que les tampons se dégradent entièrement. Et de plus, ils ne se recyclent pas ! Et que dire des économies ?...

Rejoignez les utilisatrices des cups !

Il y avait, il y a encore quelques années, une seule coupe menstruelle sur le marché et c'était la Mooncup. La marque avait d'ailleurs mis un petit film sur YouTube en 2013, la battle Mooncup/tampons : www.youtube.com/watch?v=9zj4NhC8ahM

Pas besoin de beaucoup d'explications pour vous convaincre... La cup, c'est facile, superpropre, on ne sent plus rien pendant les règles et on s'évite le contact avec les produits chimiques censés combattre l'humidité. De plus, une petite cup va remplacer des milliers de tampons ou de serviettes hygiéniques… Quelques cycles suffisent pour apprendre à bien mettre la cup en place et à la retirer facilement. Il faut par ailleurs avoir accès à un point d'eau, ou bien transporter une petite gourde d'eau avec soi pour la rincer deux ou trois fois dans la journée…

Nous sommes maintenant en 2020 et je vais donc vous parler de ma cup préférée, une petite nouvelle sur le marché, bio et locale car fabriquée près de chez moi dans la Sarthe, la Week'Up. J'étais une adepte de la Mooncup depuis des années, mais j'ai changé pour la Week'Up car j'aime quand j'ai le choix d'une marque française qui de plus est locale !

La Week'Up est une cup en bioplastique souple à base du recyclage d'épluchures de pommes de terre, d'amidon de maïs et de fibres de bois avec un colorant végétal et biologique.

Témoignage de Corinne Boulay, créatrice de la Week'Up

Corinne se définit comme une jeune entrepreneuse superdynamique passionnée par son projet, femme d'un jeune chef d'entreprise et maman de Théo et de Faustin, 15 et 10 ans (ses premiers supporters !).

« En février 2017, je me promenais sur la plage avec mes enfants en Espagne. Après une tempête, mes deux fils n'arrêtaient pas de me questionner sur l'origine de déchets en plastique rejetés sur le sable : c'étaient des applicateurs de tampons en très grand nombre… L'idée est née ce jour-là et mes enfants m'ont aidée à trouver un nom pour cette cup. Eh oui, même des garçons de 12 ans et 7 ans ont des superbes idées insoupçonnées… Et de nombreux fous rires à la clé !

> *« Après deux ans de travail et de recherche, je me lance dans l'aventure. La Week'Up, c'est la seule coupe menstruelle pliable et française qui change les règles ! »*

La Week'Up est une alternative écologique et sanitaire aux protections hygiéniques utilisées pendant la période des règles chez les femmes. Bye bye les tampons et les serviettes : l'essayer, c'est l'adopter ! Rose ou transparente, elle s'adapte à chaque morphologie.

Mais ce n'est pas tout ! Chaque cup est accompagnée de sa boîte de transport en bioplastique développée à partir d'épluchures de pommes de terre recyclées. 100 % fabriquée en France et sans produits chimiques !

Pour le mode d'emploi complet, les mises en garde, etc., rendez-vous sur le site laweekup.com

Interview de Laetitia, utilisatrice

Depuis quand utilises-tu une cup et qu'est-ce qui t'a motivée à tester ?
J'utilise la cup depuis 2014, à mon retour de couches après six mois d'allaitement. Je savais depuis un moment que ça existait, mais je n'osais pas à cause du prix, car si je n'arrivais pas à l'utiliser, ça m'aurait enquiquiné d'avoir dépensé autant. Et un jour, je vais sur YouTube et je tombe sur une vidéo de ThiphaineMakeUp qui durant une demi-heure donne tous les avantages de se mettre à la cup. C'est le déclic pour moi, elle m'a convaincue, ni une ni deux, je passe commande pour ma première cup.

Que penses-tu de la Week'Up ?
J'ai totalement craqué pour son originalité : le fait qu'elle se plie et qu'elle se range dans sa petite boîte faite en épluchures de pommes de terre. Ce qui la rend ultrapratique, discrète et saine.

Le gros point positif de la Week'Up est sa souplesse, qui est juste folle, mon corps ne fait plus qu'un avec la cup, je ne la sens pas du tout. Elle est lisse sans stries ni tige, donc elle se fait totalement oublier une fois installée. Elle se fait tellement oublier que bien souvent, une fois que je suis couchée, je me dis : « Mince !!! J'ai oublié de vider ma cup ! » Du coup, retour à la case salle de bains.

As-tu eu des difficultés à la mettre ou pour l'enlever ?
Mes débuts avec la Week'Up : la deuxième fois où je l'ai insérée, elle s'est pliée d'un cran une fois à l'intérieur, j'étais morte de rire ! Depuis je fais attention et ce n'est plus jamais arrivé.

Pour le retrait, j'ai dû m'habituer au fait qu'elle n'ait pas de tige comme sur ma première cup. C'est un coup de main à prendre. Et il y a le petit cœur au bout de la cup qui permet de la trouver du premier coup (eh oui, comme elle est lisse et souple, même au toucher elle ressemble aux parois de notre vagin).

Qu'est-ce qui te plaît le plus avec la cup ? Y a-t-il quelque chose qui te plaît moins ?
Ce qui me plaît le plus, c'est cette sensation de liberté, d'oublier que j'ai mes règles : pas de fuite, pas d'odeur, pas de gêne, pas de restriction niveau fringue : je peux être en robe, porter un pantalon blanc, être en maillot de bain et faire des toboggans à gogo, dormir nue comme un ver… Adopter la cup, c'est oublier ses règles et gagner en liberté ! Pour moi, ça a été une révélation ! Et le fait de ne plus prévoir mon stock de protection, c'est très appréciable. De plus, je fais des économies et plus du tout de déchets, franchement, que demander de plus !

Ce qui pourrait me déplaire avec l'utilisation de la cup, c'est si on s'organise une journée en extérieur, style la forêt sans w.-c. pendant mon deuxième jour de règles, le jour d'abondance pour moi… Pour le coup, je serais bien embêtée pour la vider à l'abri des regards. Ça serait vraiment le seul hic, mais si on y réfléchit, même avec d'autres protections, ça ne serait pas commode dans cette situation.

Le petit mot de la fin ?
En tout cas, dès que j'en ai l'occasion, j'incite les copines, les collègues et maintenant ma petite communauté sur Instagram à se mettre à la cup. Je suis totalement cup addict !!!

Témoignage de Séverine

« J'utilise la cup depuis quelques mois maintenant. Ayant une endométriose depuis plus de 20 ans, je suis très vigilante sur le choix de mes protections hygiéniques. Cette pathologie me rend particulièrement sensible et grâce à la souplesse de la cup, je peux enfin vivre mes menstruations de manière normale. Pour moi, le top, c'est qu'en plus du confort qu'elle m'apporte, car je ne la sens

> *pas, il n'y a pas ce petit fil du tampon qui dépasse. Je suis admirative du choix de la Week'Up de pousser la démarche jusqu'au bout en créant une boîte de transport en bioplastique. Niveau usage, c'est superpratique ! Malgré mes premières appréhensions, j'ai pu la mettre sans aucune difficulté. En revanche, le retrait sur les derniers jours de règles est plus compliqué pour moi, sans que ce soit pour autant douloureux. Le point à améliorer serait peut-être sur le retrait de la cup, à moins que ce ne soit ma morphologie ou ma pathologie qui rende le retrait plus complexe. Difficile pour moi de dire ce que j'aime le plus dans la Week'Up. J'adore le concept dans sa globalité. C'est une protection hygiénique moderne, intelligente, pratique et écoresponsable. Ça frise pour moi la perfection et autant dire que je ne dis pas ça souvent ! »*

Des protections hygiéniques lavables

Il n'y a aucune norme sur les serviettes hygiéniques jetables et les fabricants rechignent à révéler leur composition exacte. En moyenne, elles contiennent parfois jusqu'à 50 produits chimiques ! Pour beaucoup de femmes, ces produits jetables entraînent inconfort et problèmes de santé à court, à moyen et à long terme (des produits comme les résidus de pesticides, dioxines, phtalates, sont de probables cancérigènes, des perturbateurs endocriniens, sans compter les additifs dans les produits hygiéniques jetables et colorés qui peuvent être allergisants at ainsi causer des irritations, des démangeaisons…).

On ne parle pas assez des protections lavables qui changent le monde : d'un point de vue écologique, leur utilisation a un impact positif pour la planète, mais permet aussi de voir le développement d'un entreprenariat qui change la vie des femmes ! C'est le cas d'ApiAfrique, qui favorise l'*empowerment* féminin au Sénégal.

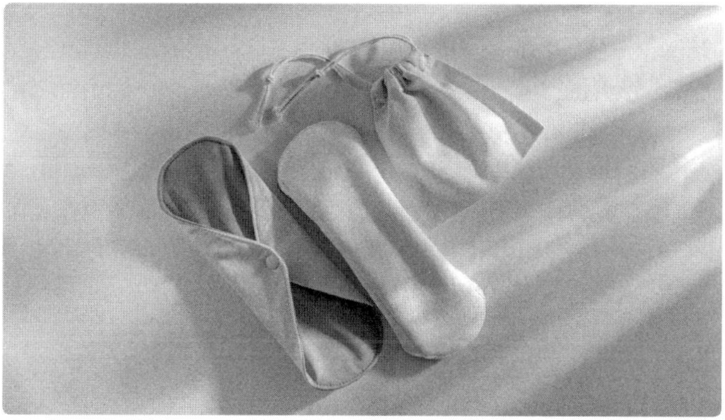

« Le salariat dissimulé a trop d'impact sur la vie des femmes et sur leur indépendance. En s'installant au Sénégal, ApiAfrique crée des emplois déclarés dans des conditions décentes pour les femmes. ApiAfrique s'engage pour l'empowerment de ses salariées en favorisant un cadre de travail légal où elles peuvent accéder à de nouvelles compétences. […] ApiAfrique s'engage pour la santé des bébés et des femmes[14]. »

SHOPPING 100 % MAMAN ZÉRO DÉCHET

- ApiAfrique : j'aime la trousse « Mes premières règles » avec son livret pour prendre au plus tôt les bonnes habitudes du lavable.
- Hannahpad : j'ai particulièrement aimé les utiliser en post-partum dès la maternité... Elles sont très jolies.
- Plim : ce sont les serviettes hygiéniques lavables que j'utilise depuis des années et que j'adore pour leur côté tout imprimé.

14. Apiafrique.com

De même que les couches lavables de Bébé sont très différentes des langes d'autrefois, les protections lavables d'aujourd'hui n'ont plus rien à voir avec les protections hygiéniques lavables de nos grands-mères. Pour en prendre soin, il faut juste un peu d'organisation. Comme toute protection hygiénique, les serviettes hygiéniques lavables nécessitent d'être changées toutes les 4 heures environ et d'être lavées correctement entre chaque utilisation.

CONSEILS POUR LE LAVAGE

Vous pouvez les laver à 40 °C, mais je vous conseille un petit prélavage à la main à l'aide de savon de Marseille. Et, pour enlever les taches, faites tremper les protections dans l'eau tiède avec un peu de bicarbonate de soude ou utilisez un savon biodétachant.

Un lavage à 40 °C est suffisant si vous les lavez juste après, sinon, vous pouvez, comme pour les couches de Bébé, les laver à 60 °C pour les décrasser de temps en temps.

Les culottes menstruelles

Sur le même principe que les protections lavables qui, elles, sont à clipser dans votre culotte, vous pouvez opter pour les culottes menstruelles, qui se portent comme une simple culotte.

Mon témoignage

« J'ai découvert les culottes menstruelles il y a deux ans, sur le présentoir d'une pharmacie. J'ai trouvé l'idée vraiment intéressante. Même si ma première culotte n'était pas bio, j'ai aimé la

simplicité de son utilisation, son impact zéro déchet, son côté économique et sans risque pour ma santé (sans nanoparticules, sans produits chimiques)

J'ai finalement adopté la lingerie menstruelle La Minette, une protection ressemblant à un sous-vêtement classique, un joli shorty en coton bio brodé de dentelle. Il a été pensé et conçu en Bretagne. On enfile sa culotte comme n'importe quel jour, on vit sa vie, on l'enlève, on la lave… et on recommence ! On peut la porter jusqu'à 12 heures, mais j'avoue que je préfère la changer au cours de la journée.

Cette culotte se compose de quatre couches techniques : une couche 100 % coton qui draine, absorbe et neutralise les odeurs ; une couche micro-éponge en fibres d'eucalyptus Oeko-Tex pour sa grande capacité d'absorption ; une couche en PUL Oeko-Tex imperméable qui permet de rester au sec ; une couche 95 % coton et 5 % d'élasthanne. La culotte est donc confortable et très douce.

Passer aux culottes menstruelles est une vraie bonne idée, à condition que cela ne change pas notre bien-être lors des règles. Moi qui étais fan de la Mooncup, j'avoue que je préfère utiliser maintenant les culottes menstruelles jolies et confortables de La Minette. »

Témoignage de Yasmina

« J'ai souhaité essayer de passer aux culottes menstruelles d'abord pour l'impact environnemental et le désastre que peuvent causer les protections hygiéniques jetables. L'idée des serviettes hygiéniques lavables ne me tentait pas plus que ça.

« Avec mon métier, je bouge et je voyage beaucoup et il me fallait donc quelque chose qui puisse tenir la journée. Après plusieurs

retours et témoignages sur un groupe Facebook dédié aux culottes menstruelles, j'ai décidé de commander une culotte de la marque Smoon. Je sais qu'elles sont assemblées en Tunisie, mais le reste est assez éthique et le côté finesse/confort me tentait davantage. Quand je l'ai essayé, je me suis dit : "Wouah, mais c'est tellement confortable, incroyable !" J'ai très vite regretté de n'en avoir qu'une.

« J'ai cependant voulu tester d'autres marques. Après avoir épluché plusieurs blogs, j'ai décidé de tenter une marque française qui propose des modèles plus dentelles et glamour. Mon choix s'est porté sur la marque Pourprées. Fabriquées en Île-de-France et moi habitant Paris, j'ai été très séduite par l'idée de la proximité. Malheureusement, grosse déception à l'essayage. Les culottes sont très taille basse et, il a fallu m'y résoudre, le modèle et la coupe ne m'allaient pas…

« Puis mon choix s'est porté sur la marque Lily Basic. Elle convenait à peu près, mais très vite, elle a un peu rétréci. Beaucoup plus épaisse, elle met du temps à sécher.

« J'ai donc décidé de revenir à Smoon : c'est pour moi un tel confort, séchage rapide, fine, invisible, pas d'odeur… Bref, pour les flux légers et moyens, c'est pour moi l'idéal. En tout cas, je ne reviendrai plus aux protections jetables. Je conseille un minimum de trois culottes pour pouvoir tourner et les laisser sécher tranquillement et naturellement. »

SHOPPING 100 % MAMAN ZÉRO DÉCHET

- La Minette
- Saforelle
- La Culotte parisienne
- Bertyne

Un conseil pour vous y retrouver : rejoignez un groupe d'utilisatrices de culottes menstruelles sur les réseaux sociaux pour échanger avec elles et choisir un modèle qui vous correspond vraiment, même si le mieux est de pouvoir tester en vrai !

Le flux instinctif libre

Pour aller encore plus loin dans le zéro déchet les protections féminines !

Le flux instinctif libre (FIL, ou *Free Flow Instinct*) est une pratique qui permet d'arrêter d'utiliser des protections pendant les règles en retenant le flux de sang dans son vagin jusqu'au passage aux toilettes. C'est une régulation du flux menstruel permettant de ne pas porter de protections et de simplement le libérer en allant aux toilettes et en étant à l'écoute de son corps. Je vous conseille de trouver des groupes sur les réseaux sociaux pour échanger entre femmes ou de trouver des groupes de parole sur le sujet pour vous sentir moins seule et voir qu'avec un peu de persévérance, on peut y arriver.

Le sang ne coule pas en continu pendant les règles, mais par vagues… Si l'on y prête attention, on ressent le moment où le sang va couler et on a le temps d'aller aux toilettes. Quand on a une protection comme un tampon classique, on ne sent rien de ce qui se passe dans son corps. Il faut donc écouter et observer son corps pour prendre réellement part à ce moment du cycle féminin. Il faut prendre le temps de se reconnecter à son cycle, de connaître le fonctionnement de son périnée pour se lancer dans l'aventure du FIL et maîtriser son flux, ou en tout cas l'accompagner le mieux possible…, tout en sachant que cela demande du temps et que l'on n'est pas à l'abri des petits accidents – le mieux est d'avoir une culotte menstruelle en même temps. C'est le pendant féminin de l'HNI, l'hygiène naturelle infantile, pour les bébés.

ÉVITER NATURELLEMENT LE *BURN-OUT* MATERNEL

Une petite pharmacie naturelle à avoir sous la main quand on est une maman zéro déchet pour prendre soin de soi et de la planète et éviter naturellement le *burn-out* maternel !

Gérez vos émotions grâce aux élixirs floraux

Être maman est bouleversant, et cela peut aussi être épuisant. Nous avons toutes besoin de prendre confiance en nos capacités de mère, non seulement à la naissance des enfants, mais aussi tout au long de notre vie de parent. Les élixirs floraux du Dr Bach permettent d'équilibrer les émotions. Vous pouvez aussi trouver de l'aide grâce aux élixirs floraux contemporains du laboratoire Deva.

Les fleurs peuvent vous aider à écouter votre petite voix intérieure et à retrouver des pensées positives : « Cerato » pour vous aider à faire des choix et trouver ce qui est bien pour vous et votre enfant ; « Hornbeam » si vous n'arrivez plus à vous lever le matin et que vous vous sentez épuisée, mais aussi « Olive » contre la fatigue en particulier pour vous accompagner lors des symptômes prémenstruels et votre cycle féminin ; « Walnut » pour vous habituer aux changements : la maternité, la ménopause, les règles, etc. ; « Tilleul » pour vous aider à montrer vos qualités de protection, votre chaleur maternelle et renforcer les liens parent-enfant quand vous en ressentez le besoin.

Pour aller plus loin avec les élixirs floraux, contactez un conseiller ou une conseillère Fleurs de Bach agrée(e) BFRP pour un accompagnement personnalisé.

Adoptez une alimentation récupératrice

Au quotidien, mais aussi quand vous vous sentez un peu dépassée… Eh oui, 70 % de notre santé vient de notre alimentation !

Voici les conseils à appliquer[15] :

- buvez 8 verres d'eau par jour, des fruits pressés, mangez des légumes frais, etc. ;
- consommez des aliments riches en fer pour lutter contre l'anémie : céréales bio complètes (à acheter en vrac) comme le sarrasin, quinoa, millet, amarante, lentilles roses ou vertes, etc. ;
- buvez des jus d'agrumes pendant les repas pour favoriser l'assimilation du fer ;
- buvez des tisanes (anis, cumin, fenouil) entre les repas pour bénéficier des bienfaits des plantes ;
- évitez la consommation des espèces de poissons les plus grosses, qui sont polluées par le mercure ;
- choisissez de préférence un mode de vie végétarien ;
- optez pour une alimentation alcalinisante, une nourriture végétarienne complète ;
- augmentez les doses de vitamine B12 grâce à la levure alimentaire (une cuillerée à café dans les jus de fruits, les soupes et sur les salades).

---

15. Extrait du *Programme d'encouragement des mamans*, disponible sur le site www.lelaitdemaman.com.

Si vous vous sentez totalement débordée, épuisée, anxieuse, sans savoir pourquoi, vous êtes peut-être affectée par la dépression postnatale ou le *burn-out* maternel. Quand vos enfants sont plus grands, n'hésitez pas à vous faire aider avec des séances de coaching parental et un programme d'accompagnement des mamans en individuel et sur mesure pour apprendre à être la mère que vous voulez être, gérer le quotidien d'une nouvelle maman et être ainsi votre révélateur intérieur !

Faites de l'exercice

L'exercice physique augmente votre taux de sérotonine et de dopamine. Il libère également l'endorphine, appelée « hormone du bonheur ». La difficulté, quand vous êtes fatiguée, déprimée, est que vous risquez d'être découragée de faire de l'exercice… N'en faites pas trop, mais faites ce que vous pouvez : yoga, marche, etc.

Misez sur le bien-être au naturel

Pour cela, vous pouvez pratiquer le yoga, la méditation, ou encore utiliser les huiles essentielles ou la lithothérapie pour être accompagnée au quotidien.

Quelques pistes sur l'utilisation des pierres naturelles pour votre bien-être :

PIERRE	PROPRIÉTÉS	EN PRENDRE SOIN...
Ambre	Soulage les maux d'estomac et les infections urinaires... sans oublier les douleurs dentaires des bébés.	Placez-la de temps en temps au soleil pour la dynamiser.
Chrysocolle (couleur verte à turquoise)	La pierre d'excellence pour les maux féminins : pendant les règles, les douleurs post-accouchement.	Nettoyez-la dans l'eau, sans sel. Puis rechargez-la dans un amas de quartz au soleil.
Cristal de roche	La pierre guérisseuse par excellence ! À la fois réceptrice et émettrice, elle peut être utilisée pour amplifier toutes les autres pierres et employée sur tous les chakras. Aide à développer la force intérieure et à purifier l'esprit. Aide à éliminer les toxines du corps. Renforce l'énergie vitale. Anti-inflammatoire, anti-épuisement.	Nettoyez-la sous l'eau courante puis rechargez-la au soleil.
Quartz rose	Pierre de la tendresse, de l'amour infini et de la fécondité.	Laissez la pierre une demi-journée dans l'eau en y ajoutant soit du sel soit de l'argile blanche ou verte, puis rechargez-la au soleil.

LES SOINS NATURELS POUR LA NOUVELLE MAMAN

Ce n'est pas parce que Bébé est né que vous devez oublier les bonnes habitudes prises pendant la grossesse : gardez vos réflexes zéro déchet, mais surtout zéro perturbateur endocrinien, zéro parfum de synthèse, zéro allergisant, zéro conservateur chimique. Ne laissez pas tomber les produits labellisés adoptés pendant votre grossesse zéro déchet : BDHI, Cosmébio, Ecocert, Nature&Progrès, NaTrue.

Pour les produits qui contiennent des huiles essentielles, faites confiance à des marques qui ont composé leurs produits avec un véritable aromathérapeute pour être sûre que les huiles essentielles mises en œuvre ont été diluées soigneusement.

Voici quelques marques coups de cœur, zéro déchet et proches de la nature :

Comme Avant

Interview de Sophie, cofondatrice de la marque Comme Avant

« Je m'appelle Sophie et je suis la maman de deux garçons pleins de vie, Nael et Joan. Avec mon conjoint Nil, nous avons créé en 2017 la marque de cosmétiques Comme Avant quelques mois après la naissance de notre premier fils. »

La grossesse a été un moment clé, le déclencheur pour créer Comme Avant et vous lancer dans la fabrication du savon. Vous pouvez nous le raconter en quelques lignes ?
J'ai fait une fausse couche avant de tomber enceinte de Nael et cet événement a contribué à une forte prise de conscience pour mieux consommer et éliminer tous les perturbateurs endocriniens de notre environnement. Par la suite, lors de ma grossesse puis à la naissance de Nael, il m'a semblé indispensable de continuer à améliorer notre consommation.

Votre recette classique est à base d'huile d'olive biologique, mais pouvez-vous nous en dire plus sur cette composition ?
Notre savon est fabriqué par saponification à froid. Il est réalisé à partir d'un corps gras composé uniquement d'huile d'olive issue de l'agriculture biologique et possède un surgras de 7 %. Ce surgras et la présence de glycérine végétale (créée lors du processus de

saponification) le rendent parfaitement adapté aux peaux les plus fragiles. Nous avons régulièrement des retours très positifs sur l'utilisation de notre savon sur des peaux atopiques ou fragilisées. C'est ce savon qui a apaisé les rougeurs de notre fils et qui est au démarrage de notre histoire !

La philosophie de la marque Comme Avant est de faire passer le message aux générations futures de l'importance de travailler en symbiose avec la nature…
En effet, dès la création de notre marque, nous souhaitions aller plus loin qu'une simple marque de produits cosmétiques. Nous voulions proposer des produits zéro déchet, qui permettent d'accompagner nos clients dans leur transition écologique. Aujourd'hui, nous sommes convaincus que la philosophie Comme Avant et que notre approche pour « consommer moins et mieux » peut s'étendre à d'autres produits que des cosmétiques. Par exemple, nous avons récemment créé une gamme de tee-shirts en lin français, mais aussi des lingettes lavables en coton bio, le tout fabriqué également dans notre atelier à Marseille.

LES PRODUITS COUP DE CŒUR DE SOPHIE…

… pour une grossesse ou une jeune maman :
- la crème solide au karité ;
- le savon à l'huile d'olive.

Ils permettent de prendre soin de la peau de Maman et de Bébé tout en douceur !

Douces Angevines

Michèle Cros, phytologue-herboriste, spécialisée en aromatologie, a créé la marque Douces Angevines à Angers. Amoureuse de poésie, elle baptise sa marque en référence au poème de Joachim du Bellay, qui chante si bien la douceur angevine.

Trois ans plus tard, elle installe son atelier-laboratoire au cœur d'un jardin qui descend jusqu'au Loir, dans un joli hameau à 20 km au nord de la ville. Un jardin qui deviendra « Jardin de Beauté », un lieu d'inspiration où s'épanouit l'harmonie végétale, humaine, animale.

L'esprit de la marque selon sa fondatrice : « Chaque élixir, Cosméto-fluide®, est élaboré artisanalement en petite quantité suivant le savoir-faire alchimique ancestral des femmes herboristes, à l'atelier-laboratoire. Il renferme le meilleur des énergies solaires et lunaires, et transmet fidèlement l'esprit des plantes qui le composent, pour enchanter et révéler la beauté de toutes les peaux. »

Les Cosméto-fluides® sont faits sans eau, ils contiennent 100 % de principes actifs végétaux et sont composés de 95 à 100 % d'ingrédients bio sur la totalité de leurs composants, ce qui est la rareté même en cosmétique. Cette concentration, étudiée, permet une utilisation économique, puisque quelques gouttes suffisent à nourrir la peau.

Les méthodes de transformation sont douces et non polluantes, de la cueillette à la commercialisation. La fabrication ne génère pas de déchets, puisque les parties des plantes non utilisées sont compostées et intègrent ainsi le cycle du jardin.

Macérations solaires, filtration en goutte à goutte… Laisser le temps nécessaire à chaque processus de s'accomplir, c'est aujourd'hui le luxe que s'accordent Douces Angevines dans l'amour du monde végétal et du beau travail.

Témoignage de Julie Lavarello, fille de la créatrice de Douces Angevines

« Plongée depuis longtemps dans l'univers de Douces Angevines puisque je suis la fille de la créatrice, je suis heureuse aujourd'hui d'être au service d'une entreprise portée par les valeurs fondamentales d'éthique, d'authenticité et de respect du vivant, sans lesquelles mon travail n'aurait pas de sens.

« Chez Douces Angevines, la profonde naturalité s'étend à la façon même de travailler, de s'inscrire dans les cycles de la vie, accompagnant manuellement et en conscience les plantes de notre jardin, de la première feuille aux différentes transformations, au flacon qui voyagera jusque chez vous, ou au retour au jardin pour les parties inutilisées de la plante qui iront au compost !

« Des soins entièrement naturels, élaborés en amitié avec le monde végétal, offrent une nourriture pure et vivante à la peau, et cette vitalité va être ressentie. Les produits offrent ainsi une forme de reconnexion avec le monde végétal, le bonheur de retrouver le lien avec la nature, de ne pas se sentir séparé. Sentir que ces plantes offrent leurs bienfaits. C'est aussi une invitation à se reconnecter à soi, à s'aimer, à prendre soin de soi. »

LES PRODUITS COUPS DE CŒUR DE JULIE

- Le « Baume de Diane » : à adopter dès la grossesse et à continuer à appliquer après la naissance de Bébé pour tonifier ses seins et prendre soin de sa peau.

- Le « Baume de l'Himalaya » : pour se dynamiser en mettant quelques gouttes sur les tempes, le creux du poignet, au-dessus des yeux, ou encore à respirer, à inhaler en déposant quelques gouttes sur un mouchoir en tissu.

- « Fée Luzette » : un bien-être à partager entre Maman et Bébé. Ce soin créé au départ pour les bébés est parfait pour le massage de Bébé, mais aussi pour prendre soin de ses seins de maman allaitante. Cela permet de créer un lien olfactif entre Maman et Bébé !

Le soin « Fée Luzette » est notamment composé de matricaire, une plante aux propriétés apaisantes et adoucissantes. Michèle Cros (la créatrice, donc) me rappelait que le nom « matricaire » symbolise la matrice, la *mater*. Ainsi, par son nom même, la plante est reliée à l'enfance, à la maternité et à la protection qui va avec.

Michèle Cros insistait aussi sur l'utilisation de la gemmothérapie, faisant le parallèle entre le bébé et le bourgeon, deux jeunes pousses !

Dans un petit bourgeon sont concentrées toutes les informations de la plante dans son entier ; le projet de la plante est entièrement contenu dans ce germe. Ce côté complet, entier, lui confère une puissance, mais qui reste douce.

Omum (l'instant maternel)

Cette marque est dédiée aux futures et aux nouvelles mamans avec une approche zéro déchet : naturelle, bio, éthique, végane, fabriquée en France, sans oublier le côté biodégradable et recyclable des emballages et surtout 100 % compatibles avec la grossesse et l'allaitement.

Optez pour l'huile sèche « La Surdouée » pour le corps, à base d'aloe vera et de 9 huiles végétales, et pour « La Confidente » conçue pour vous masser et pour vous envelopper de douceur même après la naissance de Bébé.

LES FLEURS DE BACH® POUR L'ÉQUILIBRE ÉMOTIONNEL DES NOUVELLES MAMANS… ET DES NOUVEAUX PAPAS !

Les Fleurs de Bach® sont des concentrés de 38 fleurs sauvages mis au point par un médecin anglais, le Dr Bach, dans les années 1930.

Ces élixirs peuvent vous aider à faire face aux émotions comme l'idée de ne pas être à la hauteur de votre nouveau rôle de parents, vous faire du souci pour votre bébé, ne pas avoir confiance en votre potentiel de maman, mais aussi pour vous aider face à l'épuisement physique et émotionnel qui est souvent là après l'accouchement et les premiers mois d'une nouvelle maman. Ils peuvent vous aider à retrouver un équilibre et à faire face à ce tsunami émotionnel qui va de pair avec votre nouveau rôle… en évitant le *burn-out* et l'épuisement maternel, tout naturellement.

LES ÉMOTIONS	LA SOLUTION FLEURS DE BACH®
Vous êtes fatigué(e), vidé(e), sans force physique ou psychologique.	Olive/Olivier
Vous êtes irritable, impatient(e).	Impatiens/Impatience
Vous vous inquiétez pour votre bébé.	Red Chestnut/Marronnier rouge
Vous ne vous sentez pas à l'aise avec votre nouveau corps postaccouchement.	Crab Apple/Pommier sauvage
Vous avez des moments de panique, de grand stress.	Rescue® (mélange d'urgence tout prêt de 5 Fleurs de Bach®)
Vous vous sentez déprimé(e), vous avez l'impression d'avoir perdu votre soleil intérieur.	Mustard/Moutarde

Le Dr Bach préconisait, en plus des gouttes d'élixirs floraux pour la gestion des émotions, l'application en compresses ou en friction des Fleurs de Bach®.

Chez Elixirs & Co, un spécialiste des Fleurs de Bach® proposant des gammes complètes et variées autour des élixirs, on trouve des réponses naturelles aux difficultés et aux maux quotidiens des mamans, notamment avec les deux gammes cosmétiques suivantes :

- une gamme « Antistress » aux Fleurs de Bach®. C'est une gamme zéro déchet grâce à son emballage en verre qui se garde et se réutilise à volonté. Je vous recommande la crème de jour et le baume pour délasser votre corps et votre esprit ;

- une gamme « Émotions » aux Fleurs de Bach® et aux cellules végétales actives (100 % naturel, bio et 0 % de synthèse) formulée sans eau mais avec un extrait originel d'orange biologique. Je vous recommande le lait micellaire et le sérum fermeté tenseur pour nourrir votre peau du visage après l'accouchement.

Voici les Fleurs de Bach® qui entrent dans la composition des soins :
- aigremoine : favorise l'expression et l'estime de soi ;
- chêne : invite au calme et au lâcher-prise ;
- impatience : aide à l'indulgence, à la sympathie ;
- marronnier blanc : aide au calme mental ;
- pin : aide à se dégager du fardeau de la culpabilité ;
- pommier sauvage : aide à relativiser les pensées parasites ;
- verveine : ramène vers le calme et la tranquillité.

Le côté zéro déchet, c'est aussi le fait de savoir utiliser les éléments de la nature, les fleurs sauvages, les concentrés de plantes.

MAMAN ZÉRO DÉCHET ET SLOW PARENTALITÉ®

Être une maman nature signifie, avant toute chose, être actrice de sa grossesse et de son accouchement. Il s'agit donc de se mettre à l'écoute de sa maternité et se faire confiance, choisir de bons produits naturels, adopter une alimentation à haute valeur nutritionnelle, de préférence bio, préparer un plan de naissance, etc., pour ensuite retrouver des réflexes naturels avec Bébé : portage physiologique, massage, allaitement à la demande, *attachment parenting*, etc., mais aussi découvrir le cododo et la parentalité positive. Bref, c'est élever Bébé en le maternant, tout en se respectant en tant que maman ET en tant que femme.

Pour une parentalité au rythme 100 % naturel, on adopte un mode de vie *slow* : alimentation bio et naturelle, produits de soins respectueux de l'enfant et de la planète, choix de puériculture bio et de principes éducatifs alternatifs et respectueux du rythme de l'enfant (voir les chapitres 4, 5 et 6 consacrés au bébé zéro déchet). Le premier réflexe à adopter avec un Bébé Zéro, Bébé Slow, c'est le massage !

BÉBÉ ZÉRO, BÉBÉ SLOW

Comment bien masser mon bébé ?

Voilà une question qui revient souvent quand je reçois les parents en Slow parentalité®.

Je leur rappelle cette phrase de Fréderick Leboyer : « Masser l'enfant, c'est réveiller dans son corps le bien-être qu'il vivait dans le ventre maternel[16]. » C'est donc le mantra que tous les parents devraient s'approprier pour mettre le massage au programme maman-papa-bébé pour créer le lien de la façon la plus naturelle, la plus *slow* et la plus douce qui soit !

Oui, le premier langage de Bébé passe par la peau et le toucher. Le massage est donc pour Bébé un retour aux sources si celui-ci est fait par des mains aimantes et attentives. C'est pour cela que mon premier conseil aux parents qui veulent masser leur bébé, c'est de se faire confiance et d'avoir envie de partager des moments privilégiés avec Bébé !

Bien sûr, je donne des conseils pour prendre confiance dans son rôle de « parent masseur », mais il n'est pas obligatoire d'enchaîner les mouvements dans un ordre précis, car ce qui doit primer, c'est votre relation avec votre bébé. Je vais donc vous proposer un petit protocole simple, mais sentez-vous libre en tant que parent de l'adapter à votre ressenti au moment de la séance de massage.

→

16. Fréderick Leboyer, *Shantala. Un art traditionnel, le massage des enfants*, Seuil, 2012.

Rappelez-vous que les bienfaits du massage sont très nombreux :

- Bébé retrouve le bien-être qu'il ressentait dans le ventre de sa maman et cela va le rassurer, le relaxer ;
- le sommeil de Bébé sera meilleur ;
- Bébé pleurera moins ;
- Bébé va doucement prendre conscience de son corps ;
- Maman et/ou Papa développeront leur relation avec Bébé ;
- Papa ou Maman (selon celui/celle qui va masser) prendra confiance en son rôle parental ;
- cela permettra de soulager les petits maux comme les coliques ;
- le massage est l'un des moyens les plus faciles pour lutter contre le *burn-out* maternel, car cela permet au corps (de celui qui est massé, mais aussi de celui qui masse) de produire de l'ocytocine, qui est l'hormone de l'attachement et du bonheur !

La technique lorsque vous allez masser Bébé n'est qu'un support. Voici quelques conseils à connaître avant de démarrer le massage proprement dit :

- Bébé doit être tout nu ;

- la pièce doit être chauffée à une température comprise entre 22 et 24 °C ;

- tamisez le plus possible la lumière de la pièce ;

- Bébé doit être posé sur une serviette chaude ou une peau d'agneau ;

- utilisez toujours de l'huile, préalablement chauffée entre vos mains, pour masser Bébé car cela favorise le peau-à-peau et l'hydratation de sa peau (vous pouvez utiliser de l'huile d'olive de première pression à froid et biologique ou bien une huile de massage pour bébé en faisant attention à prendre une huile naturelle) ;

- parlez doucement à votre bébé : prévenez-le que vous allez le masser, puis expliquez-lui tout ce que vous allez lui faire au cours de la séance de massage… et regardez-le dans les yeux ;

- au cours du massage, maintenez toujours un contact peau à peau avec Bébé pour garder le caractère enveloppant et sécurisant du massage ;

- quand vous avez fini de masser une partie du corps de Bébé, couvrez cette partie avec un lange pour qu'il reste bien au chaud ;

- la technique n'est qu'un support, suivez vos envies et votre cœur !

Voici un petit protocole à suivre et surtout à adapter selon vos envies et celles de Bébé !

Débutez la séance de massage par des petites « pressions-présences » pour réveiller le corps de Bébé avec toute la paume de votre main :

- pour le ventre, dessinez un cercle avec la paume des mains, un cercle de plus en plus grand, sur le ventre de Bébé jusqu'à sa hanche et dans le sens des aiguilles d'une montre en cas de coliques ;
- pour les bras, formez un anneau de vissage avec votre pouce et votre index, et allez du haut vers le bas ;
- pour les mains, aidez Bébé à ouvrir tout doucement ses mains en massant ses paumes et en faisant des petits cercles ;
- pour les pieds, placez son pied entre votre pouce et votre majeur et faites des petits cercles ;
- pour le dos, posez vos mains bien enveloppantes dans un mouvement de va-et-vient du dos vers les fesses puis des fesses vers la nuque. Vous pouvez aussi essayer de mettre Bébé en position de petit bouddha pour ce massage du dos...

Une huile à utiliser : comme tous les produits de soin d'un bébé zéro déchet, choisissez une huile de première pression à froid et biologique qui vous servira au quotidien (voir le chapitre 6, « Les produits phares et indispensables d'un bébé zéro déchet » p. 131).

CONCLUSION

Vous avez maintenant tous les réflexes à adopter sur les principaux thèmes concernant les bébés de 0 à 3 ans pour une parentalité en version écolo et naturellement zéro déchet : grossesse, allaitement, environnement de Bébé, alimentation naturelle, produits de soin, produits de puériculture, avec évidemment le parentage en Slow parentalité® en filigrane. Ainsi, vous avez pu voir que l'on peut être écolo, parent, maternant et heureux sans se compliquer le quotidien avec un bébé et, au contraire, en se simplifiant la vie !

Il suffit de peu de choses matérielles pour éduquer un bébé. Avoir un bébé zéro déchet vous permet de vous concentrer sur l'essentiel : créer les premiers liens naturellement, encourager l'attachement parental, devenir parent en respectant vos pratiques écologiques pour le bien-être du bébé, de ses parents et de la planète.

L'idée, avec un « Bébé Zéro, Bébé Slow », c'est de simplifier l'art parental au quotidien. Plus on simplifie le côté matériel avec le moins d'objets de puériculture possible, des produits de soins essentiels en oubliant vraiment le superflu, et plus on profite de Bébé !

On lutte contre la pollution de la planète, mais aussi contre la charge mentale des parents qui s'encombrent souvent avec des tonnes de produits qui ne servent à rien, à part polluer leur confiance en eux et bien sûr la planète. *Exit* les écoute-bébés, les packs d'eau, les centaines de paquets de couches jetables, etc., pour apprendre à se faire confiance en tant que parent, s'écouter et faire avec presque rien (ou du moins juste l'essentiel), et surtout avec tout son cœur et son amour pour son bébé.

Parents écolos + Bébé Zéro & Slow = le bonheur en famille... naturellement !

Envie d'aller plus loin avec Bébé Zéro, Bébé Slow ?

Je propose un coaching « Bébé Zéro, Bébé Slow » dans mon approche en Slow parentalité® pour les futures et les nouvelles mamans, les futurs et les nouveaux papas. Nous créons ensemble le coaching parental en Slow parentalité® qui vous ressemble, selon vos besoins et vos envies : soutien en allaitement, maternage proximal, parentalité zéro déchet, maternage de la maman, place du père, récupération postnatale, etc., en cabinet au Mans, *via* Skype ou à domicile, sur rendez-vous.

Il existe aussi un programme complet « Ma Slow parentalité® » pour mettre la Slow parentalité® dans votre quotidien de parent : ateliers spécifiques, accompagnement émotionnel et pratique, composer le trousseau de Bébé, éviter le *burn-out* parental, atelier « Retour au travail », etc.

Tout cela peut se faire de chez vous, mais aussi dans des lieux dédiés à la parentalité, dans des lieux de bien-être, dans des spas, etc. Et je propose maintenant ces formations en Slow parentalité® aux professionnels : pédiatres, auxiliaires de puériculture, personnels de crèche, personnels de spa, accompagnantes parentales, accompagnantes périnatales, etc. Et même des miniformations pour toutes celles et ceux qui accueillent des parents pour des « petits plus » d'un accueil personnalisé bio, nature et *slow* !

N'hésitez pas à me contacter pour toute demande : Mélanie Schmidt-Ulmann, par e-mail à melanie.schmidt.ulmann@gmail.com ou par téléphone au 06 16 29 49 33.

N'oubliez pas de me retrouver sur le site www.bebezero-bebeslow.com et découvrir mon kit Bébé Zéro, Bébé Slow sur mesure !

DÉDICACES

À Henry, Lucas, Hippolyte, Félix, Victoire et Romy, mes six enfants chéris qui grandissent avec tous mes principes de Maman Zéro depuis tout-petits… et qui remplissent mon quotidien de joie, de partage et d'amour !

À Julien, mon mari et papa de Romy qui est un Super Papa Zéro et mon associé au quotidien

Tous les sept, vous êtes mon essentiel et à part vous, je peux me passer de tout !

TABLE DES MATIÈRES

DE LA MÊME AUTEURE :

***SECRETS DE BIEN-ÊTRE D'HILDEGARDE DE BINGEN* - GUIDE VISUEL**

Cet ouvrage est composé de matériaux issus de forêts bien gérées certifiées FSC®, de matériaux recyclés et de matériaux issus d'autres sources contrôlées.
Le Forest Stewardship Council® est une organisation internationale non gouvernementale qui encourage une gestion écologiquement adaptée, socialement bénéfique et économiquement viable des forêts de la planète.
Pour en savoir plus, consultez le site *www.fsc.org*

FSC
www.fsc.org
MIXTE
Papier issu de sources responsables
FSC® C022829

Achevé d'imprimer en janvier 2021
sur les presses de la Nouvelle Imprimerie Laballery - 58500 Clamecy
Dépôt légal : février 2021
N° d'impression : 011507
Imprimé en France

La Nouvelle Imprimerie Laballery est titulaire de la marque Imprim'Vert®